LA STATION QUATERNAIRE

DE RAYMONDEN

A CHANCELADE (Dordogne),

ET LA SÉPULTURE D'UN CHASSEUR DE RENNES

Par Michel HARDY,

Président de la Société historique et archéologique du Périgord
Conservateur du Musée archéologique de la Dordogne.

PARIS
ERNEST LEROUX, ÉDITEUR
28, Rue Bonaparte, 28
—
1891

LA STATION QUATERNAIRE

DE RAYMONDEN

LA

STATION QUATERNAIRE

DE RAYMONDEN

A CHANCELADE (Dordogne),

ET LA SÉPULTURE D'UN CHASSEUR DE RENNES

Par Michel HARDY,

Président de la Société historique et archéologique du Périgord
Conservateur du Musée archéologique de la Dordogne.

PARIS

ERNEST LEROUX, ÉDITEUR

28, Rue Bonaparte, 28

1891

LA STATION QUATERNAIRE DE RAYMONDEN

A CHANCELADE (Dordogne)

ET LA

SÉPULTURE D'UN CHASSEUR DE RENNES.

I. — AVANT-PROPOS.

A une lieue de Périgueux, dans la direction du couchant, la route nationale n° 139 qui conduit à Brantôme abandonne la vallée de l'Ilte et s'engage dans une petite vallée secondaire qu'arrose le gracieux ruisseau de la Beauronne. Après avoir passé devant le bourg de Chancelade, localité célèbre par son antique abbaye et par le drame qui suivit l'effondrement de ses carrières en 1885, la route traverse le village des Grèzes, et sur le point d'atteindre la septième borne kilométrique, s'incline brusquement à droite. Elle longe alors, sur un parcours d'environ 800 mètres, une ligne de rochers décrivant un arc de cercle dont les extrémités s'appuient, vers le sud, au village des Grèzes, et, du côté du nord, au hameau de Raymonden.

En ce dernier lieu, se trouve une source assez abondante que domine une grotte explorée par M. Maurice Féaux, en 1874. Notre zélé confrère y reconnut la présence d'un foyer moustérien, au-dessus duquel il recueillit divers objets se rapportant à l'industrie magdalénienne (1).

---

(1) *La grotte de Raymonden.* — V. *Bulletin* de la Société historique et archéologique du Périgord, tome II, 1875, p. 42 et 43. — Le même article, reproduit en autographie, a été tiré à quelques exemplaires seulement, 1875, petit in-8° de 8 pages.

De la source, le nom de Raymonden a été successivement appliqué au hameau, puis à la grotte et enfin aux falaises dont celle-ci occupe un dernier prolongement.

Considérés au point de vue de la géologie, les rochers de Raymonden sont de formation crétacée et appartiennent à l'étage des calcaires à rudistes du Turonien de d'Orbigny.

Un soulèvement des couches calcaires en cet endroit et la disposition du coteau des Grèzes, qui s'avance vers l'ouest comme un promontoire, ont rétréci sur deux points, d'une façon très sensible, cette partie de la vallée. Un premier étranglement s'est produit à peu près à égale distance des Grèzes et de Raymonden ; le second, en amont et presque à la sortie du premier village.

Une charte du cartulaire de Chancelade, citée par M. de Gourgues, nous apprend qu'au moyen-âge un étang, « *stagnum Raimondono,* » existait en cet endroit (1). C'était, à n'en pas douter, le dernier retrait d'une vaste pièce d'eau, un lac ou peut-être plusieurs étangs reliés l'un à l'autre, dont nous aurons lieu plus loin de démontrer l'existence à l'époque quaternaire. Pour le moment, nous nous bornerons à faire observer que le fond de la vallée est de nature tourbeuse et que le sol s'en est élevé considérablement depuis l'âge néolithique. Nous croyons, en effet, pouvoir rapporter à cette époque un dépôt de noisettes rencontré, il y a quelques années, à trois mètres de profondeur dans la prairie, en creusant un puits près du village des Grèzes.

Nous nous arrêterons maintenant aux rochers de Raymonden et un peu à droite d'une grotte assez spacieuse, située sur le milieu de l'arc que leur ligne décrit à l'ouest de la vallée. Elevés d'environ quinze mètres au-dessus de la route, ils offraient à leur base, tout récemment encore, un talus gazonné dont le sommet allait rejoindre une couche de calcaire d'aspect caverneux et toute perforée de rudistes. Celle-ci était elle-même dominée par un lit de pierre très

---

(1) *Dictionnaire topographique du département de la Dordogne;* Paris, Imp. nat., 1873, in-4°, p. 264.

dure disposé en forme d'abri et, sur certains points, surplombant de deux et trois mètres. Aux xie et xiie siècles, des gens industrieux eurent l'idée d'exploiter le calcaire fossilifère pour la préparation des meules. En examinant cette couche, on reconnaît les cavités nombreuses produites par leur enlèvement ; l'une d'elles, complètement détachée et forée même à son centre, avait été laissée sur place ; deux ou trois autres isolées sur leur pourtour sont encore adhérentes au rocher par leur base ; enfin, le pichet d'un des carriers, vase en terre à bec très saillant, a été retrouvé dans les terres de remblai.

Tandis qu'ils se livraient paisiblement à leur travail, les fabricants de meules de Raymonden étaient loin de soupçonner qu'à quelques pieds au-dessous d'eux gisaient les restes d'une civilisation disparue depuis de longs siècles et la sépulture d'un homme qui, dans le même pays favorisé pour eux des chauds effluves et de la belle lumière du soleil, avait, lui, ressenti toutes les rigueurs d'un climat boréal.

II. — LA STATION QUATERNAIRE. — HISTORIQUE DES FOUILLES. — DESCRIPTION DES FOYERS.

Le 18 mars 1876, je suivais à pied la route de Brantôme, lorsque les abris sous roche de Raymonden, que je voyais pour la première fois, attirèrent vivement mon attention. Souvent déçus dans leur attente, les archéologues ont parfois la bonne fortune de voir leurs prévisions se réaliser. Ici, le voisinage d'un cours d'eau, l'étendue et la disposition des abris, leur exposition au soleil de l'après-midi, tout semblait m'indiquer que je devais trouver des traces du séjour de l'homme aux temps préhistoriques. Un sondage d'ailleurs superficiel que je pratiquai à l'entrée de la caverne dont il a été parlé déjà ne m'ayant rien procuré, je descendis le talus et, fouillant du regard le pied de l'escarpement, sur le bord de la route, quelle ne fut pas ma satisfaction d'y remarquer un, puis deux et enfin une série nombreuse de lames de silex de type magdalénien. La chute d'un rocher détaché de l'abri supérieur avait mis à découvert un foyer caché sous les hautes herbes et inaperçu jusqu'alors.

Je m'empressai d'en commencer l'exploration ; mais outre le peu de temps dont je pus disposer pour ce travail, je rencontrais dans mes fouilles de sérieuses difficultés.

La couche archéologique s'enfonçait, en effet, bien loin devant moi et était recouverte d'un éboulis considérable et de gros blocs calcaires provenant de l'effondrement de l'abri qui la protégeait à l'origine.

Dans une note présentée à la Société historique et archéologique du Périgord (1), je me contentai de signaler ma découverte et le résultat de mes premières observations.

---

(1) *Note sur une station magdalénienne découverte au lieu dit Chez-Pigeassou, commune de Chancelade (Dordogne)*, publiée dans le Bulletin de la Société historique et archéologique du Périgord ; t. IV, 1877, p. 402-405 ; — et tirée à

En 1883, deux professeurs du lycée de Périgueux, MM. Pitard et Goulpié, tentèrent une nouvelle fouille ; mais ayant ouvert leur tranchée un peu trop sur la gauche, le succès ne couronna pas leurs efforts. Le terrain était très humide, et s'ils recueillirent une assez grande quantité de silex taillés, ils ne trouvèrent pas de ces ossements ouvrés ou sculptés qui donnent aux gisements magdaléniens un si grand intérêt.

Leur fouille fut rebouchée, et les trésors archéologiques de Raymonden auraient été sans doute ignorés longtemps encore, sans une circonstance toute fortuite.

En 1887, sur les accotements de la route n° 139, fut construite la ligne des tramways de Périgueux à Brantôme. En quête de remblais d'un transport facile, les ingénieurs qui présidaient aux travaux songèrent à utiliser les éboulis sur pente accumulés au pied des rochers de Raymonden. Le propriétaire du terrain, M. Ch. Bélingard, entrepreneur de travaux publics, les y autorisa, et bientôt une équipe de terrassiers, armés de pioches et de pelles, se mirent à attaquer vigoureusement le talus. Ils allèrent vite en besogne et de trop grand cœur, hélas ! car non-seulement les éclats de pierre et les terres d'éboulis disparurent comme par enchantement, mais les foyers quaternaires furent à leur tour entamés par les outils barbares de ces inconscients. Instruments en silex et en os, débris d'une faune quaternaire, tout cela s'entassa pêle-mêle dans les wagonnets et fut brutalement renversé sur la voie, puis égalisé au râteau d'acier. Quelques mois plus tard, en cheminant le long de la nouvelle voie ferrée, M. Féaux et moi, nous reconnaissions des traces de ce vandalisme sur un parcours de près de trois kilomètres.

---

part, Périgueux, impr. Dupont, in-8° de 4 pages et 1 planche. — Une maisonnette située sur le bord de la route, non loin de la station, était alors habitée par un sieur Pigeassou, et pour désigner l'endroit, les paysans disaient *Chez-Pigeassou*. Ce nom toutefois n'a aucune valeur et doit être abandonné.

Tout regrettables qu'ils fussent, les dégâts pouvaient être cependant plus grands encore. Les terres noires des foyers et les objets les accompagnant avaient été comme semés avec une certaine recherche sur la ligne des tramways. Par le fait, une faible partie seulement de la station avait disparu.

Au mois d'août suivant, averti des travaux exécutés à Raymonden, M. Féaux y commença une fouille qui lui procura immédiatement de très précieux objets. A mon retour des vacances, dans les derniers jours de septembre, il s'empressa de me faire part de ses découvertes, et avec un désintéressement bien rare chez un collectionneur, me proposa de continuer moi-même les fouilles pour le compte du Musée départemental. J'acceptai, mais à la condition que mon cher confrère voudrait bien aussi me prêter son concours. Rompu, en effet, aux recherches d'antiquités préhistoriques, M. Féaux est en outre un bon observateur et doué d'une légèreté de main peu commune. J'étais assuré qu'à nous deux nous ferions de bonne besogne.

Munis de l'autorisation du propriétaire M. Bélingard (1), nous fîmes enclore le terrain dans lequel devait s'étendre notre exploration et inaugurâmes nos fouilles le 3 octobre. Pour les travaux de terrassements, nous employâmes un ouvrier carrier de Chancelade, le sieur Bretou, qui, à notre école, ne tarda pas à devenir un fouilleur émérite.

Une magnifique découverte, la sépulture d'un chasseur de rennes, couronna nos travaux au mois d'octobre 1888.

Empêché par mes fonctions d'archiviste, je cédai la place à cette époque à M. le général Savin de Larclause, commandant la 24e division militaire à Périgueux. Des sondages entrepris au-dessous de la caverne, immédiatement à la suite

---

(1) Non seulement M. Bélingard fit droit à ma demande avec le plus généreux empressement, mais il ne voulut même recevoir aucune indemnité, s'estimant heureux, me dit-il, de pouvoir concourir ainsi au développement du Musée départemental. Je me fais une bien douce obligation de lui témoigner ici toute ma gratitude.

de nos fouilles, lui démontrèrent que les foyers se prolongeaient de ce côté, le long des abris, dans la direction du nord. Ces foyers toutefois n'avaient plus la même importance, et comme ils s'appauvrissaient de plus en plus, M. de Larclause arrêta définitivement ses recherches au mois de mars 1890. Comme moi, il avait été secondé par M. Féaux. Si nos efforts ont eu quelque mérite, une large part, et je suis assuré de ne pas être démenti par M. le général de Larclause, une large part, dis-je, en revient à notre fidèle et sympathique compagnon de fouilles.

Mieux que toute description, le diagramme suivant permettra au lecteur de se rendre un compte exact de la station de Raymonden :

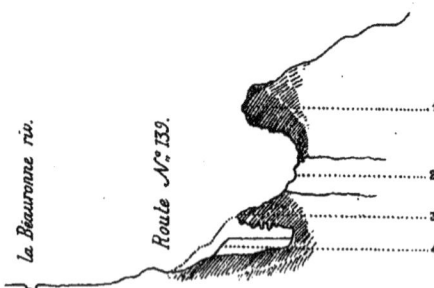

1 Abri supérieur. — 2 Couche exploitée pour la préparation des meules. — 3 Abri inférieur. — 4 Foyers quaternaires.

Du milieu de la vallée, le sol se relève graduellement vers la falaise. En approchant de celle-ci, la pente, d'abord assez raide, s'atténue peu à peu, au point de former dans le haut une sorte de terrasse qui s'enfonce sous les rochers. Le long de la falaise et à sa base règne, en effet, une cannelure horizontale à peine accusée sur certains points, mais ici très profonde. Cette cannelure, est-il besoin de le dire, n'a pas été creusée par l'homme ; correspondant à une assise calcaire de densité moindre, elle est le résultat de l'action atmosphérique. Des érosions du même genre se remarquent dans toutes les vallées du Périgord, principalement dans celle de la Vézère, où les célèbres abris de Laugerie n'ont pas eu d'autre origine (1). Si l'abri qui nous occupe revêt l'aspect d'une grotte, c'est parce que la roche tendre formait en cet endroit une sorte de poche. Outre les agents de l'atmosphère, on peut admettre aussi qu'à l'époque tertiaire un vaste cours d'eau a pu prendre de flanc les rochers de Raymonden et creuser davantage la cannelure déjà dessinée à leur base.

Quoi qu'il en soit, le sol de l'abri est à 1^m,65 centimètres au-dessus du niveau de la Beauronne et, lorsqu'au déclin de l'époque quaternaire les chasseurs de rennes vinrent y asseoir leur campement, sa hauteur était de 2^m,35. La partie sur laquelle se sont étendues nos recherches, représente une superficie d'environ 20 mètres carrés.

D'une épaisseur totale de 1^m,35, la couche archéologique, au milieu de la station, comprenait quatre foyers que je désignerai dans leur ordre de succession par les lettres A, B, C et D.

Le foyer A, limité à la partie antérieure de l'abri, reposait sur un sable fin mélangé avec quelques graviers. Cette couche appuyée directement sur le roc provenait peut-être de la désagrégation de pierrailles d'éboulis ; je serais tenté cependant d'y voir de préférence un dépôt formé par les eaux. Comme de sa nature et par suite de l'inclinaison du terrain, cette couche manquait de consistance, les hommes quaternaires la renforcèrent à l'aide de nombreux galets de rivière. Ces galets de toutes dimensions, mais la plupart assez volumineux, étaient enchevêtrés les uns dans les autres, de manière à former un véritable

---

(1) *Note sur les érosions des calcaires dénudés de la vallée de la Vézère et de ses affluents*, très bonne étude publiée par M. Alain Laganne, dans les *Annales* de la Société d'agriculture, sciences et arts de la Dordogne, t. XXIX, 1868, p. 192-198.

bâtis. C'est sur cette assise solide qu'ils allumèrent leurs foyers (1). L'action du feu se voit encore nettement sur la plupart de ces galets, dont plusieurs même sont entièrement décomposés. Malgré la quantité de cendres charbonneuses qu'il renfermait et qui dénotaient un séjour prolongé, le foyer A ne nous a livré qu'un petit nombre d'objets intéressants, deux pointes de flèches en os courtes et de forme trapue, un poinçon aussi en os et, au milieu d'éclats de silex insignifiants, quelques grattoirs magdaléniens. Calcinés par le feu, les ossements d'animaux, restes de repas, étaient réduits à l'état de fragments et presque méconnaissables. Il est vrai que cette stérilité relative fut amplement compensée par la rencontre dans ce même foyer d'une sépulture, découverte que nous étudierons dans un chapitre spécial.

Un lit de sable jaune et de pierrailles recouvrait ce foyer et servait à son tour de base au foyer B.

De couleur grisâtre et offrant encore des entassements de galets, celui-ci donna lieu à une remarque intéressante. A sa surface et principalement dans de petites dépressions en forme de cuvettes, existait une mince couche d'argile jaune d'une extrême ténuité. Cette argile grasse retenait comme agglutinés de fines aiguilles en os, de très petits ossements d'oiseaux et d'autres menus objets absolument intacts. Evidemment, un pareil dépôt n'avait pu se former que dans une eau tranquille. Le moindre courant eût entraîné les terres meubles du foyer B, dispersé et brisé les objets si délicats que nous retrouvions entiers. Or l'arrivée d'une eau si paisible ne pouvait s'expliquer que par le débordement d'un lac dont le niveau, par suite d'une fonte de neige ou par toute autre cause, s'élève insensiblement et se retire de même, en laissant se déposer lentement les parcelles de limon qui avaient un moment troublé ses eaux.

---

(1) Des observations du même genre ont été faites à Laugerie-Basse, par M. Massénat. V. *Les stations de l'âge du renne dans les vallées de la Vézère et de la Corrèze*, par le Dr Paul Girod et Elie Massénat ; Paris, J.-B. Baillière, 1889, in-4°, p. 29.

Ainsi, j'avais acquis la preuve qu'à l'époque quaternaire cette partie de la vallée de la Beauronne formait une vaste pièce d'eau, dont le *stagnum Reymondene* du cartulaire de Chancelade était le dernier vestige. C'était le voisinage de ce lac aux eaux poissonneuses qui avait attiré nos ancêtres de l'âge du renne. Surpris par l'inondation, ils avaient abandonné leur lieu de halte, mais pour y revenir bientôt après.

Un troisième foyer, le foyer C, reposait directement sur le lit argileux et, par endroits, se confondait presque avec le foyer B. Comme celui-ci, il nous livra une abondante récolte d'instruments en silex et en os et de nombreux débris de la faune quaternaire. Je ferai remarquer à sa base, dans les sables et menus graviers calcaires, mélangés avec les cendres charbonneuses, une zone de 0^m,10 ou 0^m,15 d'épaisseur, fortement teintée en rouge par de l'oxyde de fer hydraté. J'essaierai plus loin d'expliquer cette coloration, dont M. Féaux et moi nous pûmes suivre les traces sur une étendue de cinq à six mètres carrés.

Après une interruption marquée par un dépôt d'argiles jaunes et de pierrailles, les rochers de Raymonden devinrent pour la quatrième fois un rendez-vous de chasse et de pêche. Cette fois, qui devait être la dernière, nos sauvages ancêtres prolongèrent leur séjour beaucoup plus que précédemment. Sur le milieu de la station, les rejets de cuisine, instruments et débris de toutes sortes que, suivant leur habitude, ils avaient laissés sur place, formaient une couche de 0^m,40 d'épaisseur. Nous recueillîmes dans ce foyer D exactement les mêmes objets que dans les foyers inférieurs, mais, associés pêle-mêle avec eux, quelques débris humains.

Le 5 octobre 1887, un fragment de crâne d'enfant se présenta tout à coup sous mes outils de fouille. Avant de le dégager, j'en fis reconnaître la position exacte par M. l'abbé Chastaing, curé de Bourniquel, qui ce jour-là nous avait accompagnés, M. Féaux et moi, à Raymonden. Le fragment gisait au milieu des terres noires, à la base du foyer D, à 4^m,40 du fond de l'abri et 0^m,95 de profondeur dans le sol. Dans son voisinage immédiat, le foyer n'offrait aucun arrangement particulier ; les silex taillés et les débris de repas étaient comme partout mélangés dans le plus complet désordre. Un deuxième fragment du même crâne nous apparut un peu plus loin ; puis, à 0^m,50 environ sur la droite, je recueillis une partie d'un frontal humain beaucoup plus épais et paraissant avoir appartenu à un adulte de 40 à 50 ans. Les jours suivants, je découvris encore deux menus débris du crâne d'enfant. Tous ces fragments étaient répartis sur une étendue d'environ un mètre carré. Leurs fractures, très nettes sur le pourtour, ne permettent pas de supposer qu'ils avaient été apportés là par quelque bête fauve. Faut-il y voir des traces de cannibalisme ? Quoiqu'elle revête tous les caractères de la probabilité, une pareille explication s'accorde peu avec le respect témoigné par les hommes de Raymonden pour la dépouille mortelle de l'un des leurs. Il est vrai que la sépulture du foyer A remontait à une occupation antérieure, et peut-être les chasseurs du foyer D étaient-ils d'une autre tribu que ceux du foyer B auxquels nous verrons plus tard qu'il convient de rapporter cette sépulture. Dans cette hypothèse, les hommes de la dernière occupation auraient pu seuls être adonnés au cannibalisme. On pourrait aussi supposer, car nous sommes ici forcément dans le domaine des conjectures, qu'à l'exemple des sauvages modernes, nos ancêtres de l'âge du renne ne pratiquaient l'anthropophagie qu'à l'égard de leurs prisonniers de guerre (1).

Les descriptions qui précèdent s'appliquent aux foyers que M. Féaux et moi nous avons observés sur le milieu de la station, c'est-à-dire dans cet enfoncement en forme de grotte où s'étaient concentrées nos investigations. Suffisamment vaste pour abriter un groupe de dix à quinze

---

(1) Au sujet des traces d'anthropophagie qui auraient été constatées dans les stations de l'âge du renne, voir, entre autres travaux, la communication faite, en 1872, par M. Elie Massénat au Congrès tenu à Bordeaux par l'Association française pour l'avancement des sciences. — *Matériaux pour l'histoire de l'homme*; tome VII, 1872, p. 472.

individus, cet endroit avait été recherché de préférence, comme le témoignaient l'épaisseur de la couche archéologique et sa richesse exceptionnelle. La disposition du gisement fut tout autre dans le terrain exploré par M. le général Savin de Larclause. Déjà au mois d'octobre 1888, lorsque j'avais arrêté ma fouille, le foyer supérieur D était presque complètement disparu ; les foyers B et C confondus l'un avec l'autre, allaient se perdant le long des abris, dans la direction du nord, et s'inclinaient de plus en plus vers le foyer A. Ce dernier seul conservait son horizontalité et n'avait pas changé d'aspect. Dans un sondage entrepris 8 à 10 mètres plus loin, au-dessous de la grande caverne, M. de Larclause le retrouva toujours au même niveau et conservant la même épaisseur. Dans l'intervalle, le sol antique était singulièrement accidenté. Sur un point, un bloc énorme de pierre détaché très anciennement de l'abri supérieur, gisait en travers de la station. Les hommes de l'époque quaternaire s'étaient établis tout autour et même avaient utilisé une partie plane de sa face supérieure pour y allumer un foyer. Certains endroits étaient entièrement occupés par des terres d'éboulis ; sur d'autres, se rencontraient des foyers de faible étendue reconnaissables seulement à des cendres charbonneuses et à des débris de repas. Il convient aussi de signaler dans le voisinage de grosses pierres provenant de l'effondrement sur place de la voûte de l'abri inférieur, la présence de plusieurs bois de rennes complètement décomposés par l'humidité du sol, mais déposés là entiers, sans doute pour servir d'approvisionnement.

Malgré les difficultés d'une fouille dans un pareil milieu, M. le général de Larclause eut la satisfaction de recueillir bon nombre d'objets intéressants, parmi lesquels deux pièces, un poignard en ivoire et une sculpture en ronde bosse figurant une tête de cheval, sont infiniment précieuses.

Après le départ des chasseurs de rennes, le foyer D se recouvrit d'un limon jaunâtre mêlé de menus débris calcaires qui, dans la grotte-abri, atteignit une épaisseur de 0^m,60. Par l'action des siècles également, le suintement des eaux le long des rochers détermina, sous la voûte de l'abri inférieur, la formation d'une couche de travertin d'où lentement descendirent de nombreuses stalactites.

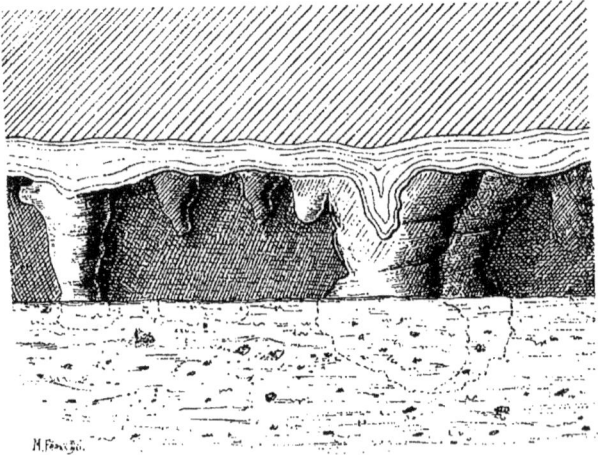

La figure ci-dessus, dessinée par M. Féaux au moment où nous allions commencer nos fouilles, reproduit fidèlement les formes diverses de ces stalactites, dont plusieurs, à la rencontre de la couche de limon, s'élargissant et se rejoignant par le bas, auraient donné naissance à une nappe épaisse de stalagmite, si les eaux n'avaient pris une autre direction. Des coteaux qui dominent les rochers étaient descendues, en effet, des terres rouges qui, par leur accumulation, avaient masqué complètement l'abri inférieur. La végétation aidant, pas le moindre indice ne subsista de la station quaternaire. Dans la coupe des terrains, on peut voir encore l'inclinaison des terres rouges des talus et, à leur surface, les abondants déchets de pierre que les fabricants de meules au xiie siècle avaient rejetés vers la vallée.

III. — Instruments et objets divers trouvés a Raymonden.

Le mobilier des stations préhistoriques appartenant à la période magdalénienne, comprend deux séries principales d'objets : les instruments de pierre façonnés à peu près exclusivement à l'aide du silex, et les ossements ouvrés. Ces deux divisions ne sont pas arbitraires et uniquement basées sur la matière employée. A chacune d'elles correspond un outillage spécial. Il est évident, en effet, que par sa densité excessive et ses cassures nettes et tranchantes, le silex se prête à des usages pour lesquels on aurait vainement recours aux os les plus durs.

Je ne m'arrêterai pas longuement à décrire les instruments en silex recueillis à Raymonden. La présence au milieu des foyers de nombreux *nuclei* démontre que les habitants du lieu façonnaient sur place leurs outils. C'est d'ailleurs un fait universellement constaté. Pour détacher les éclats des blocs de silex, dont les *nuclei* ne sont que les derniers restes, ils se servaient de galets de quartz, sur lesquels il est facile de reconnaître les traces de percussion.

On a souvent parlé de la quantité innombrable de silex taillés que l'on trouve dans les stations préhistoriques et surtout dans les foyers magdaléniens. Sir John Lubbock et plusieurs autres archéologues s'étaient même appliqués, au début de leurs recherches, à en évaluer le nombre approximativement pour chaque station. Les mêmes savants ont bientôt compris d'eux-mêmes l'inutilité d'une pareille tâche. Si les déchets de taille encombrent les foyers, il est certain d'autre part que les instruments achevés et bien complets sont loin d'être communs.

Nous distinguerons parmi ceux-ci les grattoirs et les couteaux que l'on trouve dans toutes les stations de l'âge du renne, mais qui, dans les gisements purement magdaléniens, revêtent un caractère que l'œil exercé de l'archéologue saisit à première vue. Les lames de silex employées à leur fabrication sont taillées à vives arêtes, plates et souvent régulières, c'est-à-dire ayant leurs bords parallèles. Le grattoir magdalénien type n'est autre qu'une de ces lames ou couteaux dont une des extrémités a été arrondie en arc de cercle. Rarement, les grattoirs magdaléniens présentent sur leurs contours ces festons ou fines retailles que l'on remarque sur un si grand nombre d'instruments en silex de l'industrie solutréenne ou de la période intermédiaire entre le *solutréen* et le *magdalénien*.

Nous avons trouvé à Raymonden un certain nombre de grattoirs concaves que l'on peut rapprocher des silex à encoches profondes déjà signalés dans les stations de l'âge du renne et ayant eu sans nul doute la même destination. Ces instruments servaient à racler et arrondir les fragments d'os longs ou de bois de renne avec lesquels on façonnait ensuite des harpons ou des pointes de sagaies. Sur la planche I, fig. 1, est reproduit un de ces instruments dont l'arc rentrant est dans l'axe même de la pièce et à l'une de ses extrémités.

Je citerai pour mémoire les tarauds, perçoirs de formes diverses et quelques rares poinçons, et pour en finir avec les outils en silex trop connus pour mériter une nouvelle description, j'appellerai seulement l'attention du lecteur sur les deux objets figurés sous les n°ˢ 2 et 3 de la planche 1.

Le n° 2 est un instrument très délicat mesurant 0ᵐ,081 de longueur sur une largeur de 0ᵐ,007. Taillé en biseau sur un de ses côtés, il présente de l'autre une surface rugueuse dressée laborieusement par l'enlèvement d'une multitude de petits éclats. Des retailles analogues se remarquent fréquemment sur des silex taillés de toutes dimensions, principalement dans les stations de transition que j'appellerai solutréo-magdaléniennes. Sur les pièces de grandeur moyenne, on est en droit de supposer que ces retailles avaient pour but de protéger les doigts qui exerceraient sur elles une pression (1) ; mais cette explication ne

---

(1) Les sauvages de l'Australie, habitant près du détroit du roi Georges, fabriquent des couteaux et des scies en pierre siliceuse, dont l'un des bords est ainsi complètement enlevé, de façon à former un dos analogue à celui de nos couteaux de

saurait être admise pour les très petites lames dont le bord le plus délié est parfois lui-même émoussé par de fines retailles. Sans vouloir me prononcer d'une façon absolue, j'inclinerais à voir dans ces dernières, des limes ou de petites rapes.

L'instrument figuré sous le n° 3 est en jaspe tigré veiné de blanc, et a été taillé avec une rare perfection. Evidemment, c'était un objet de luxe. Les outils de ce genre ne se rencontrent que dans les stations magdaléniennes et toujours ils sont associés avec des ossements gravés ou sculptés. Les emplois les plus divers leur ont été attribués par les archéologues qui ont cru y reconnaitre des racloirs, des scies, voire même des vrilles (1). J'y verrai, pour moi, une variété de burins. De forme ovalaire, aux arêtes de pourtour soigneusement abattues, et se terminant à son extrémité supérieure par un biseau dirigé latéralement et très acéré, cet outil se tient bien en main et permettait aux artistes quaternaires d'inciser l'os avec sûreté pour y fixer les images des êtres qu'ils avaient sous les yeux ou les fantaisies de leur imagination.

Les os ouvrés étaient nombreux à Raymonden et comprenaient des engins de pêche ou de chasse, des outils de plusieurs sortes et des objets de parure. Je néglige, à dessein, les ossements gravés et sculptés, que nous étudierons dans le chapitre suivant.

---

table. — Lartet et Christy, *Reliquiæ aquitanicæ, being contributions to the archæology and palæontology of Périgord....*; Paris, J.-B. Baillière, 1865-1875, in-4°, (*Descriptions of the plates*), p. 134 ; — John Evans, *Les âges de la pierre, instruments, armes et ornements de la Grande-Bretagne*, (trad. par E. Barbier) ; Paris, Germer-Baillière, 1878, in-8°, p. 287.

(1) Lartet et Christy, *op. cit.* (*Descriptions of the plates*), p. 79 et 80 ; A. Pl. XVIII, fig. 1, 4, 5 et 7 ; — G. et A. de Mortillet, *Musée préhistorique* ; Paris, Reinwald, 1881, gr. in-8°, Pl. XXI, fig. 145.

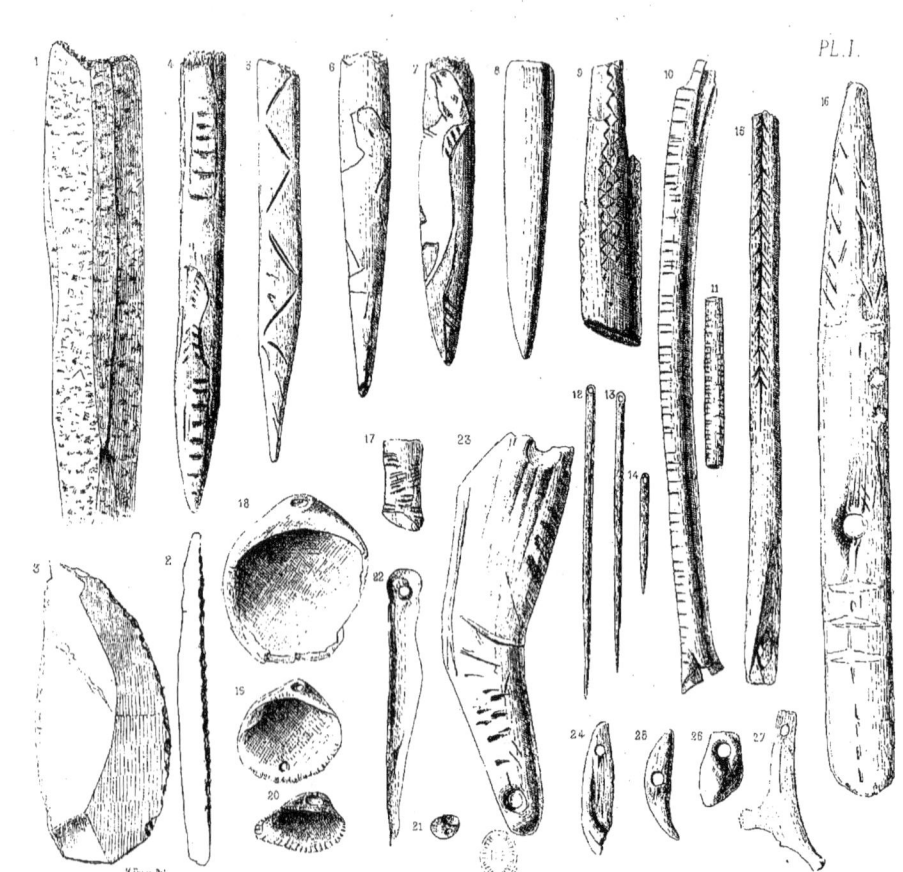

STATION DE RAYMONDEN (Dordogne)

PL. II

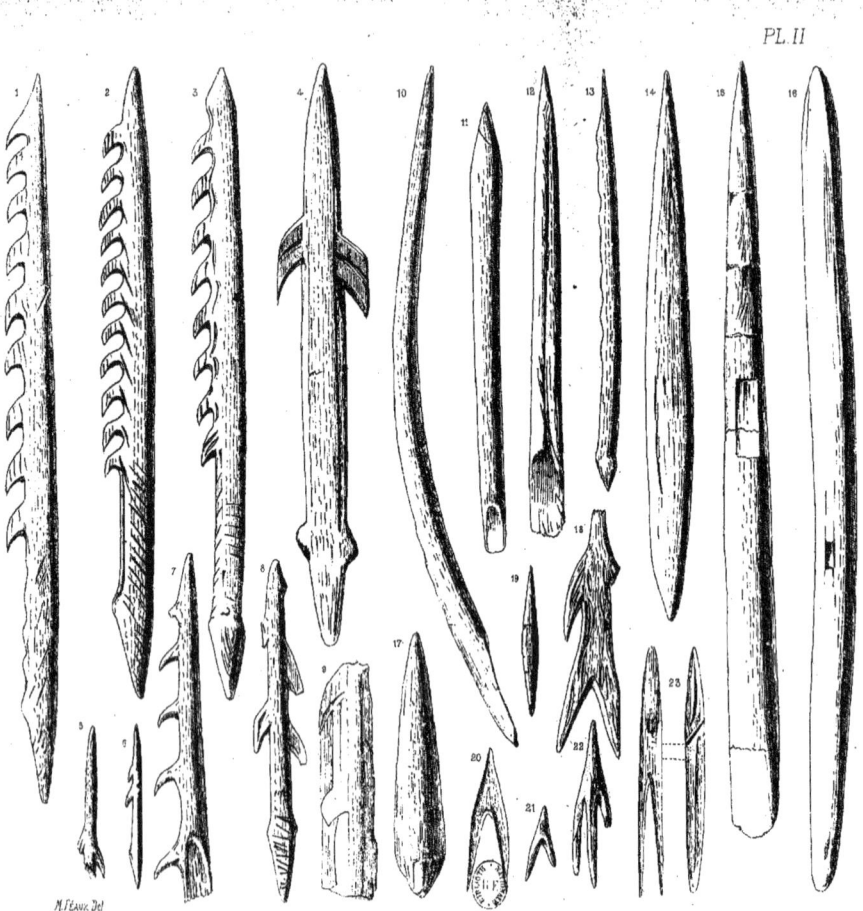

STATION DE RAYMONDEN (Dordogne)

Les pointes de harpons, par le soin apporté à leur fabrication et la difficulté de travail, présentent un intérêt tout particulier. On ne les trouve que dans les gisements de la dernière période de l'époque paléolithique.

Sur trente harpons, complets pour la plupart, que nous a livrés la station de Raymonden, cinq seulement offraient deux rangs de barbelures ; tous les autres étaient à barbelures unilatérales. C'est la proportion inverse que l'on observe habituellement, et même, dans les autres stations magdaléniennes explorées jusqu'à ce jour en Périgord, les harpons à barbelures unilatérales n'ont été trouvés que par exception. Il y a là un fait à noter et qui porterait à croire que les hommes de Raymonden formaient une tribu distincte dont il serait possible de suivre les traces à Bruniquel et dans la grotte de Gourdan. Dans ces deux stations, en effet, ont été recueillis des harpons offrant avec les nôtres une très grande analogie. Ceux de Raymonden ont d'ailleurs un faciès à part. Sculptés avec beaucoup de précision et très déliés, ils n'ont rien de commun avec les pointes grossièrement taillées des stations des bords de la Vézère et de la Dordogne.

Le plus grand que nous ayons trouvé (pl. II, fig. 1), mesure $0^m,178$ de longueur et compte neuf barbelures. Le plus petit (fig. 6) n'en a que deux et $0^m,040$ de longueur. Ces barbelures sont récurrentes et, quoiqu'acérées, sont généralement trapues ; sur un fragment (fig. 7), elles ont exceptionnellement la forme d'ongles d'épervier. Il convient de noter un détail de fabrication propre aux pointes de harpons à barbelures unilatérales. Le renflement, ménagé à leur base pour donner à l'emmanchement plus de solidité, n'existe que d'un seul côté, celui des barbelures, tandis que sur les autres harpons, on le remarque des deux côtés. Je ne connais à cette règle, probablement basée sur les lois de l'équilibre, qu'une seule exception (pl. II, fig. 3).

La façon dont nos ancêtres procédaient pour fabriquer un harpon, nous est révélée par un objet bien intéressant, trouvé à Raymonden par M. Féaux, et que nous sommes heureux de pouvoir reproduire (pl. II, fig. 9). C'est un bâtonnet en bois de renne, dont les bords avaient été, en premier lieu, amincis par des raclages effectués longitudinalement, de manière à former, à droite et à gauche, une sorte d'ailette. Très probablement, l'ouvrier songeait, de prime-abord, à faire de cette ébauche un harpon à double rang de barbelures ; sur le côté droit, en effet, existent deux saillies de faible épaisseur, où il est facile de reconnaître les traces de deux barbelures brisées pendant l'opération, et destinées plus tard à disparaître. Mais, ce qui donne à ce fragment un intérêt exceptionnel, c'est un dessin au trait gravé sur l'ailette de droite et marquant la place et les contours des barbelures à y ménager. Un trait plus profond, à l'extrémité supérieure, indique même que le sculpteur allait de ce côté évider la pièce, quand elle se brisa malencontreusement entre ses mains. Ainsi, jusque dans la confection d'un simple engin de pêche, nous voyons se manifester, chez les chasseurs de rennes, le sentiment du dessin et son emploi habituel.

A côté des harpons viennent se placer les hameçons qui, dans les stations quaternaires, se présentent habituellement sous la forme d'une mince baguette en os, apointie à ses extrémités (pl. II, fig. 19). Le plus souvent, cette tige est lisse ; parfois, cependant, elle offre, sur le milieu, de petites incisions transversales qui permettaient de la fixer plus solidement à la ligne.

Des hameçons de ce genre ont été rencontrés fréquemment à Laugerie-Basse et à la Madeleine, dans la vallée de la Vézère, mais surtout, aux Soucis, près Lalinde, sur les bords de la Dordogne. Parmi les objets provenant de cette dernière station et conservés au Musée de Périgueux, un petit instrument de forme singulière m'avait beaucoup intrigué et, vainement, j'en avais, jusqu'à ces derniers temps, cherché l'explication. C'est une petite fourchette en os, identique avec celle figurée sous le n° 20 de la planche II. Tandis que la pointe supérieure est mousse, les deux autres, auxquelles je donnerai le nom de barbelures, sont extrêmement acérées. Evidemment, la partie vulnérante était là, à l'extrémité de ces deux barbelures. Cinq objets similaires ont été trouvés à Raymonden ; deux seuls étaient entiers (fig. 20 et 21) ; les trois autres avaient une barbelure cassée près de sa base. Le n° 21, qui fait partie de la collection de M. Féaux, a l'une de ses barbelures plus petite que l'autre. Cette particularité ne permet pas d'y reconnaître un instrument destiné à saisir un objet de consistance molle en le piquant ; au contraire, elle s'adapte fort bien avec l'idée que nous nous faisons aujourd'hui, d'un hameçon dont la pointe recourbée s'implante dans l'œsophage ou la bouche du poisson qui, sentant une résistance dans l'appât qu'il vient de saisir, cherche à s'y dérober par la fuite. Nous rangerons donc dans la catégorie des hameçons les fragiles petites fourchettes en os de la station de Raymonden et de celle des Soucis ; et aussi, le délicat instrument figuré sous le n° 22 de la planche II, et qui, muni d'une soie médiane, est, jusqu'à ce jour, une pièce unique.

L'objet qui, sur la même planche, porte le n° 18, se rattache aux harpons, par sa forme et ses barbelures récurrentes, mais s'en distingue par d'autres caractères. Sa tige s'arrête, tout d'abord, aux deux fortes barbelures disposées symétriquement à sa partie inférieure. En outre, le dessous de la pièce est plat et strié par des traits obliques, comme on en observe à la base des pointes de sagaies. Ce côté, très certainement, devait être appliqué et fixé, à l'aide de liens, contre l'extrémité d'une hampe en bois aplatie elle-même, pour faciliter l'adhérence. Ce curieux objet, dont je ne connais qu'un similaire trouvé à Laugerie-Basse et appartenant à M. Féaux, serait, dès lors, une pointe de sagaie. Il n'est pas inutile, d'ailleurs, de faire remarquer que les deux barbelures intérieures sont sensiblement redressées, de façon à rendre les blessures plus meurtrières.

Comme tous les gisements magdaléniens, les abris de Raymonden nous ont fourni une ample provision de pointes de sagaies ou de flèches, celles-ci ne différant des premières que par leurs dimensions moindres (1). La plus grande a été recueillie par M. Féaux et mesure 0^m,245. Les dimensions des autres varient entre 0^m,10 et 0^m,15 de longueur.

Sur la planche II, ont été dessinées plusieurs de ces pointes de formes diverses. Le n° 13 est un ancien harpon dont les barbelures avaient été brisées et qu'on a transformé en une pointe de sagaie. Faut-il voir aussi une arme de chasse dans la pièce figurée sous le n° 10 ? Sa gracilité et sa courbure étrange donneraient à penser que c'était une épingle, si le double biseau de sa base ne démontrait qu'elle était destinée à être emmanchée.

La pointe de flèche, qui porte le n° 23, est une pièce extrêmement soignée et probablement unique. Creusée régulièrement en dessous et offrant, sur les côtés, un ou deux sillons profondément incisés dans l'os, elle se termine, à sa partie inférieure, par deux soies latérales, minces et aplaties, entre lesquelles venait s'engager l'extrémité du roseau ou de la tige délicate en bois qui en constituait la hampe. La longueur totale de cette pointe est de 0^m,062.

Je crois devoir classer parmi les poignards trois longues baguettes en bois de renne, détachées simplement des merrains par voie de sciage, mais apointies à leur extrémité la plus étroite. Je n'hésite pas, non plus, à reconnaître un poignard, dans une magnifique pièce en ivoire (pl. II, fig. 16), trouvée par M. le général de Larclause, et le seul objet de cette matière que nous ayons rencontré à Raymonden. C'est une baguette légèrement aplatie, de 0^m,202 de longueur, effilée à sa base et se terminant de l'autre bout par une pointe biseautée à quatre facettes. Cette dernière disposition, qui la distingue des sagaies, se retrouve sur plusieurs poignards, notamment sur un beau poignard en bois de renne que j'ai

---

(1) Pl. II. fig. 11, 12, 13, 14, 15, 17 et 23.

découvert dans un gisement solutréen à Badegoule (1), et qui fait partie de ma collection.

Il n'y avait pas que des engins de chasse et de pêche, parmi les ossements ouvrés de Raymonden. Au commencement de ce chapitre, nous avons jeté un rapide coup d'œil sur divers instruments en silex recueillis dans les foyers.

L'outillage de nos ancêtres quaternaires comprenait aussi, à n'en pas douter, une variété nombreuse d'instruments en bois et en os. Facilement décomposables et soumis à une multitude de causes de destruction, les objets en bois n'ont laissé malheureusement aucune trace, et nous en serons toujours réduits à ignorer les œuvres de toutes sortes, industrielles ou artistiques, que les chasseurs de rennes n'ont pu manquer de façonner avec une matière qui se prêtait si bien aux caprices de leur imagination.

L'os est plus résistant et même plus durable que l'airain ; il se conserve indéfiniment, lorsqu'il a pu se soustraire à l'action de l'air et de l'humidité.

Parmi les outils en os rencontrés dans nos fouilles, je mentionnerai des poinçons, des ciseaux, des spatules ou lissoirs et des aiguilles.

Les poinçons de Raymonden, comme ceux de toutes les stations préhistoriques, étaient formés de bâtonnets en os ou en bois de renne appointis à une extrémité ; quelques-uns même, se réduisaient à une simple esquille d'os long dont une des pointes avait été aiguisée et polie. Peut-être conviendrait-il de considérer aussi comme des poinçons, deux incisives de cheval dont la racine, amincie sur les côtés et

---

(1) Signalée dès 1820 par M. Jouannet dans le *Calendrier de la Dordogne*, la station de Badegoule est située dans la commune de Beauregard (canton de Terrasson), au pied d'une falaise qui domine le vallon du Cern. (V. *Nomenclature des monuments et gisements de l'époque anté-historique dans le département de la Dordogne*, par M. Ph. de Bosredon ; *Bulletin de la Société historique et archéologique du Périgord*, t. IV, 1877, p. 102 et 103.)

en arrière par des raclages au couteau de silex, se termine en pointe sur le devant.

Les ciseaux (pl. I, fig. 4 et 8), revêtent à Raymonden une forme particulière. Ce sont des bâtonnets en os de forme trapue, offrant à leur extrémité inférieure un double biseau et un taillant avivé par le polissage. L'extrémité opposée est droite et présente sur quelques-uns des traces de percussion. Sur un de ces ciseaux, qui appartient à M. Féaux, le taillant est oblique. Je n'ai vu nulle part signaler, dans les gisements quaternaires, des outils de ce genre dont des similaires se rencontrent, on le sait, dans les stations néolithiques.

Les lissoirs, qui servaient à aplatir les coutures sur des vêtements de peau, sont trop connus pour que je m'attarde à les décrire.

Quoique bien souvent décrites également et maintes fois reproduites par la gravure, les aiguilles nous arrêteront cependant un instant. Comment ne pas admirer ces délicats instruments, façonnés avec un soin si merveilleux, et, malgré leur excessive fragilité, parvenus intacts jusqu'à nos jours ! Les siècles ont eu raison d'un nombre infini de monuments qui attestaient la puissance et le génie de l'homme, et voici qu'ils nous ont transmis pieusement les plus frêles objets qui se puissent voir, des aiguilles en os abandonnées un jour sur le sol d'une caverne ou au pied d'un escarpement de rochers, par de pauvres sauvages. Ces aiguilles, on l'a déjà fait remarquer, sont plus fines et beaucoup mieux fabriquées que toutes celles dont se servirent les Grecs et les Romains, que celles mêmes dont nos mères faisaient encore usage, il n'y a que deux ou trois siècles.

Celles qui ont été recueillies à Raymonden (pl. I, fig. 12, 13 et 14), étaient comme partout de dimensions diverses ; la plus longue mesurait $0^m,076$ de longueur ; la plus petite, $0^m,030$; leur épaisseur moyenne étant de $0^m,0045$. Je ne parle que des aiguilles employées à broder ou à coudre des vêtements. On rencontre, en effet, dans les stations quaternaires, de grosses aiguilles dont la destination était tout autre et qui servaient peut-être à la fabrication des filets ou à des usages qu'il nous est impossible aujourd'hui de préciser. De ce nombre, étaient les deux aiguilles n°° 15 et 16, de la planche I, et qui, toutes deux, font partie de la collection de M. Féaux. On remarquera la position anormale du chas sur la grosse aiguille figurée sous le n° 16.

Le n° 22 de la même planche reproduit un métacarpien latéral de jeune cervidé, dont l'apophyse, percée d'un gros trou, lui donne l'apparence d'une aiguille. Ce n'en est pas une cependant, mais une pendeloque ayant fait partie d'un collier. Le sentiment de la coquetterie est inné chez la femme, et pas plus que les élégantes de nos jours, la femme quaternaire, très proche descendante de notre mère Ève, n'en était dépourvue. L'or et les pierreries, il est vrai, lui étaient inconnus; à leur défaut, elle se contentait de décorer ses vêtements de broderies à l'aiguille dont les dessins nous ont été conservés, et elle chargeait ses épaules de colliers qui par leur rudesse amèneraient un sourire sur nos lèvres, si nous oubliions un instant qu'à Raymonden nous vivons au milieu de sauvages.

Les n°° 18 à 21 de la planche I, reproduisent des coquilles percées pour être suspendues. Plusieurs de ces coquilles sont percées de deux trous (fig. 19), et, pour ce motif, certains archéologues ont pensé qu'elles étaient cousues sur les vêtements. C'est possible ; mais aussi bien, disposées en travers, pouvaient-elles remplir l'office de plaques dans la composition d'un collier.

L'andouiller figuré sous le n° 23 (pl. I) aurait eu probablement la même destination. Décoré de traits dont le but est difficile à saisir, il offre vaguement l'aspect d'une tête de reptile. A sa base, se voit la trace d'un trou d'attache, et à sa partie la plus étroite, un second trou incomplètement foré. La pièce a dû se briser entre les mains de l'ouvrier.

M. le général de Larclause possède, de son côté, un galet de roche serpentineuse oblong, mesurant 0^m,095 de longueur et par suite assez lourd, qu'on avait commencé à forer à une de ses extrémités. Une pendeloque de cette taille, s'il ne faut y voir un médaillon ou pendant de cou, était destinée sans doute à former la pièce de milieu d'un collier qu'elle aurait suffi, par son poids, à maintenir en place.

Un galet de même roche et à peu près de même dimension, mais dont le trou d'attache est rapproché du centre, a été découvert à la Madeleine par MM. Lartet et Christy, qui en ont fait don au Musée de Saint-Germain. Une esquisse au trait représentant un cheval, donne à cette pièce un prix exceptionnel (1).

Enfin, j'ai recueilli moi-même à Laugerie-Basse, un galet presque aussi volumineux offrant, comme celui de Raymonden, à une de ses extrémités, un commencement de forage. La dureté de la roche l'aura fait vraisemblablement rejeter.

Comme objets de parure, il me reste à signaler les dents percées, canines et incisives, enlevées aux dépouilles du renne, du renard et du loup et transformées en perles de colliers; enfin, des côtes d'oiseaux (pl. I, fig. 27) dont les femmes de Raymonden ne dédaignèrent pas non plus de se parer.

Pour compléter ce chapitre, j'ajouterai quelques mots sur les ossements d'oiseaux à incisions transversales ou encoches, dans lesquels les archéologues s'étaient accordés de primo abord à reconnaître des marques de chasse ou des indications numériques et qui, d'après M. Gabriel de Mortillet, seraient tout simplement des manches d'outils (2). On ne peut méconnaître, en effet, que telle était la destination de la plupart de ces curieux ossements que leurs encoches empêchaient de glisser dans la main. La station de Raymonden nous en a procuré quelques-uns, et même deux gros fragments sur lesquels les incisions transversales sont remplacées par un motif décoratif composé de traits obliques et très rapprochés, entourés d'un simple filet. Ce dessin, en forme d'amande, est répété de place en place sur la surface de l'os.

---

(1) Lartet et Christy, *Reliquiæ Aquitanicæ...*, *Descriptions of the plates*, p. 44 et 45 ; B. Pl. V, fig. 1. — G. et A. de Mortillet, *Musée préhistorique*, Pl. XXIII, fig. 187.

(2) *Le Préhistorique;* — *Antiquités de l'homme;* 2ᵉ édit., Paris, C. Reinwald, 1885, petit in-8°, p. 408 et 409.

Un pareil emploi cependant ne saurait convenir à des ossements grêles et longs tels, par exemple, que celui figuré (pl. I, n° 10), et qui, à l'état frais, c'est-à-dire lorsqu'il fut abandonné sur le sol de l'abri, devait être encore muni de ses apophyses. Ne pouvant non plus les considérer comme des marques de chasse, puisque les incisions qui les recouvrent ne se distinguent pas de celles des manches d'outils, je serais porté à y voir des limes employées pour le polissage d'objets en matière tendre. Cette explication me paraît d'autant plus admissible, que les incisions ne sont pas disséminées confusément à leur surface, mais distribuées en lignes parallèles, dans le sens de la longueur de l'os. Avec les ossements d'oiseaux à encoches, on trouve, d'ailleurs, dans toutes les stations magdaléniennes, des os compactes ou même des galets striés sur les bords, et qui ont pu remplir le même office. Parmi ceux que nous avons recueillis à Raymonden, je citerai un petit bâtonnet plat, soigneusement poli, de 0^m,040 de longueur (pl. I, fig. 11), et offrant, sur les côtés, un double rang d'incisions. Evidemment, un pareil objet n'a rien de commun avec les manches d'outils, mais on peut le rapprocher des ossements grêles à encoches, et il a eu probablement le même usage.

Il convient d'ajouter, du reste, que les manches d'outils ou ossements que l'on puisse, avec quelque raison, considérer comme tels, sont extrêmement rares dans les stations quaternaires. Les foyers de Raymonden ne nous en ont fourni que quatre ou cinq, parmi lesquels une base de métatarse de Saïga sciée transversalement et qui, appliquée contre la lèvre inférieure, émet, lorsque l'on souffle dedans avec force, un son clair et strident. Manche d'outil ou sifflet, cet os, qui appartient à M. le général de Larclause, n'en est pas moins intéressant.

IV. — Sculptures et gravures sur os.

Malgré les rigueurs d'un climat sibérien, les vivres abondaient à Raymonden et, libres de toute préoccupation à cet égard, sans souci du lendemain, nos chasseurs de rennes pouvaient s'abandonner aux distractions que procure le repos. Nous avons vu avec quelle délicatesse de main ils fabriquaient leurs aiguilles et surtout les pointes de harpons, véritables chefs-d'œuvre de patience et d'habileté. Nous avons aussi constaté leur prédilection pour les parures, dans la composition desquelles entraient des coquilles rapportées de courses lointaines et les dents des animaux tués à la chasse. Les objets que nous allons maintenant passer en revue, confinent au domaine de l'art et achèveront de nous édifier sur la valeur morale et les ressources intellectuelles de ces hommes, sauvages par rencontre et en vertu même de leur isolement, mais aptes, tout aussi bien que nous, à recevoir et à goûter les bienfaits de la civilisation.

Dans une note publiée en 1889 (1), j'ai eu lieu de faire remarquer que le sentiment et la recherche du beau n'avaient cessé de se manifester chez nos ancêtres dès l'époque chelléenne, période de temps certainement la plus ancienne dont les monuments nous aient été conservés. A côté d'instruments de pierre façonnés grossièrement et pour répondre à un besoin immédiat, on en trouve qui sont travaillés avec un soin tout particulier, et dont la symétrie parfaite séduit nos regards. Il y a tels instruments chelléens, dont les lignes sont pures, l'on pourrait même dire savantes. L'ouvrier s'est appliqué évidemment à parachever son œuvre et à lui don-

---

(1) *Gravures de l'âge du renne trouvées à Laugerie-Basse* ; Périgueux, imp. E. Laporte, 1889, in-8 de 7 pages et 1 planche. — Extr. du *Bulletin de la Société historique et archéologique du Périgord*, t. XVI, année 1889, p. 185-188.

bœuf ou de cheval, une ornementation en forme de dents de loup. Ce motif est par lui-même insignifiant, mais il est répété sur une rondelle en os de ma collection, « le disque aux deux biches », pièce recueillie à Laugerie-Basse et devenue classique (1). Là aussi ces dents de loup sont distribuées sur le pourtour de la rondelle à laquelle ils servent d'encadrement, et ont leur pointe dirigée vers le trou d'attache placé au centre du disque. Il est possible que ce ne soit qu'une simple coïncidence ; on peut toutefois s'étonner de rencontrer le même motif sur des objets similaires. Si les deux rondelles ne sont pas sorties des mêmes mains, il est permis de supposer que l'une aura été copiée sur l'autre ou du moins lui aura servi de modèle.

L'objet que nous avons maintenant à examiner (pl. IV, fig. 2) est une baguette en bois de renne fortement incurvée, bombée en-dessus et dont la face inférieure, dressée par voie de sciage, offre sur toute son étendue des stries obliques dirigées dans le même sens. La présence de ces stries semblerait indiquer que c'était une pièce d'applique ; mais comment admettre un pareil emploi pour une baguette osseuse, par conséquent rigide, mesurant 0^m,230 de longueur sur une largeur de 0^m,018 et dont la courbure est si prononcée, qu'elle a 0^m,016 de flèche sur le milieu.

Son ornementation, à partir de la gauche, comprend deux têtes d'ours se suivant et tournées à droite ; puis, à une certaine distance en avant, une tête de bovidé, dirigée aussi vers la droite. Le reste de la surface est orné d'incisions formant, avec l'axe principal de la baguette, des angles plus ou moins ouverts et dont plusieurs se croisent en forme d'X.

On ne saurait assez admirer la vigueur du trait, le bon goût du décor et la vérité d'expression des têtes, surtout des

---

(1) *Magasin pittoresque*, t. XL, année 1872, p. 360. — *Matériaux pour l'histoire de l'homme*, 2e série, t. XI, 1880, p. 247. — G. et A. de Mortillet, *Musée préhistorique*, pl. XXIII, fig. 158 et 158 bis. — Michel Hardy, *Gravures de l'âge du renne*, p. 4, fig. 2 de la pl.

deux têtes d'ours aux oreilles velues. L'artiste qui a exécuté ce travail n'en était pas à ses débuts. Sa griffe de maître a marqué d'ailleurs son empreinte sur trois au moins des œuvres de gravure que nous avons recueillies à Raymonden.

Je n'hésite pas, en effet, à lui attribuer l'œuvre suivante. (Pl. III, fig. 3.) C'est un andouiller de renne, percé d'un large trou à sa base et se confondant par suite avec les objets qu'à tort ou à raison on est convenu d'appeler des bâtons de commandement. Celui-ci cependant se termine en pointe et a pu tout aussi bien servir de poignard. Malgré la sobriété du décor, le dessin en est assez compliqué. A six centimètres environ de la pointe qui est lisse, sont gravés deux insectes, et, à la suite, trois autres en marche, comme les deux premiers, vers la partie inférieure de l'andouiller, et formant bague autour de lui. Ces insectes, munis de fortes antennes dirigées en avant, ont le corps ovalaire, et laissent voir deux ou quatre pattes. Je n'entreprendrai pas assurément d'en déterminer la famille, et encore moins le genre et l'espèce. Au-devant est un objet bizarre revêtant, sur le côté reproduit par la photogravure, l'aspect d'une queue de poisson, mais où l'on verrait plutôt, en l'étudiant dans son ensemble, une plante aux feuilles engainantes et opposées. Une tête de cervidé (?) tournée à gauche, lui fait face et semble lécher une des feuilles et s'apprêter à la manger.

Sur les bords du trou qui traverse l'andouiller à sa base, se remarquent des traces d'usure déterminées par le frottement et disposées obliquement par rapport à la direction générale de l'andouiller. Le même fait a été constaté par plusieurs archéologues, notamment par M. Élie Massénat, sur bon nombre de bâtons de commandement, et démontre que ces curieux objets étaient destinés à être suspendus et que les larges trous qu'on y remarque n'étaient pas uniquement décoratifs.

D'ordinaire, la base de ces instruments est simplement sciée ou bien contournée un peu, raclée sur les bords et quelquefois soigneusement polie. Ici, l'ouvrier s'est contenté d'amincir en forme de biseaux les deux côtés de la base et de la décorer d'incisions courtes et profondes comme celles que nous avons observées près du trou d'attache de la pendeloque à l'*Ovibos*. Ce détail d'ornementation n'est pas le seul rapprochement qu'il y ait à faire entre ces deux objets. Au-dessous de notre bâton de commandement, « le bâton aux insectes », pour lui donner une désignation particulière, est figuré un épi aux barbelures courtes, semblable à celui qui divise une partie du champ de la pendeloque. Enfin, pour peu qu'on les étudie avec attention, on est frappé de la similitude qu'ils offrent au point de vue du dessin ; de part et d'autre, c'est la même sûreté de main et le même faire.

La pendeloque à l'*Ovibos*, la baguette aux têtes d'ours et le bâton de commandement aux insectes auraient donc été exécutés par le même artiste.

Je n'ai pas à insister sur l'intérêt qui s'attache à de semblables observations. L'étude comparée des œuvres d'art de l'époque quaternaire ne peut manquer d'en multiplier le nombre et nous réservera, dans un avenir prochain, d'importantes constatations.

M. Piette qui, depuis quelque temps, s'y est adonné avec ardeur, parle déjà de foyers artistiques, véritables écoles, dont il voudrait préciser les caractères et l'étendue. Des faits de ce genre s'accorderaient peu, il faut en convenir, avec la vie errante de chasseurs obligés, par les conditions mêmes de leur existence, à parcourir d'immenses territoires ; mais, du moins, ne pourrait-on parvenir à suivre une tribu dans ses déplacements successifs, ou même à distinguer, réparties sur des points divers, les œuvres d'un même maître. Des révélations inattendues et du plus haut intérêt peuvent, on le voit, surgir d'un jour à l'autre, par l'emploi de la méthode dont je viens d'essayer l'application. Pour arriver cependant à des résultats sérieux et d'une réelle valeur scientifique, la plus grande circonspection s'impose aux archéologues ; ils devront surtout recourir aux pièces originales et, à leur défaut, n'employer, pour les mettre en présence, que de très bonnes reproductions photographiques.

Les œuvres d'art que nous venons d'étudier étaient les

plus importantes ; nous nous contenterons de jeter sur les autres un rapide coup d'œil.

Le n° 1 de la planche V est un merrain ou perche de bois de renne dont la meule paraît avoir été sciée à son point de jonction avec le crâne. Le premier cors ou andouiller en avait été détaché au ciseau ; à l'extrémité opposée à la meule, se voient des traces nombreuses d'enlèvement d'esquilles (1). Les fragments de ce genre pourraient donc être assimilés au *nucloi* et n'être, comme ces derniers, que des déchets de fabrication, quoique certains archéologues pensent qu'on s'en servait comme de broyeurs ou de marteaux.

Sur l'un des côtés est représenté un cheval dont la tête et les jambes de devant sont franchement détestables, mais dont l'allure générale est bonne. Un trait de burin plus ferme et plus largement accentué accuse la ligne du dos ; la croupe et le mouvement de la queue qui fouette l'air, contrastent singulièrement aussi avec l'inexpérience du dessin que semblerait dénoter la partie antérieure de l'animal.

On trouvera, figuré sous le n° 2 de la planche V, un os d'oiseau, où l'image d'une tête de cheval se continue sur les deux faces latérales du fragment. Cet intéressant objet tient ainsi à la fois de la ronde bosse et de la gravure. Le dessin en est assez bon et l'emporte, en tout cas, sur ces représentations de chevaux plus ou moins grossières, dont les chasseurs

---

(1) Plus homogènes et moins cassants que les os longs et offrant aussi plus de surface, les bois de renne servirent aux hommes quaternaires à fabriquer la presque totalité de leur outillage en os. Pour les menus objets, ils se contentaient de détacher des esquilles à l'aide d'incisions peu profondes. Le travail devenait plus compliqué, lorsqu'il s'agissait d'obtenir une baguette d'une certaine dimension. D'ordinaire, ils recouraient, dans ce cas, au sciage, et, après avoir pratiqué sur le bois deux rainures parallèles et pénétrant jusqu'à la partie médullaire, ils provoquaient une brisure de celle-ci en y enfonçant des ciseaux. A Raymonden, nous avons recueilli deux bois de renne où les sillons d'éclatement sont striés si régulièrement qu'on ne peut admettre qu'ils aient été sciés. L'un de ces sillons ne mesure pas moins de $0^m,70$, et le parallélisme parfait des stries démontre que l'incision a été faite au couteau de silex et sans arrêt. Un tel travail dénote chez l'ouvrier une grande sûreté de main et beaucoup d'adresse.

de rennes aimaient à décorer leurs pointes de sagaies et dont la station de Raymonden nous a fourni plusieurs spécimens (pl. I, fig. 6 et 7). La gravure reproduite sous le n° 5 de la planche IV, se distingue cependant par sa belle exécution.

Je ne saurais enfin passer sous silence des motifs variés d'ornementation, épis, chevrons, lignes brisées ou s'entrecroisant, ponctuations, etc., que nous avons rencontrés sur un certain nombre d'instruments en os (pl. I, fig. 4, 5, 9, 15, 16 et 17). Comme les œuvres de composition plus savante étudiées dans ce chapitre, ils nous apprennent combien le sentiment artistique était développé chez nos ancêtres.

V. — Sépulture d'un chasseur de rennes.

Après avoir fait enlever la couche épaisse de limon jaune et de pierres d'éboulis qui recouvrait les foyers, nous avions ouvert, sur le devant de la station, à partir du bord de la route, une large tranchée que nous continuâmes directement jusqu'à la rencontre de la paroi rocheuse, tout au fond de l'abri. Cette façon de procéder qui me parut la plus rationnelle, nous permettait d'avoir constamment devant nous les foyers dans leur ordre de superposition et de relever, avec certitude, les observations particulières que chacun d'eux pouvait offrir.

Ce premier travail une fois terminé, nous explorâmes la tranche assez mince que nous avions laissée sur notre droite ; puis, nous retournant vers l'autre côté de la tranchée, nous poursuivîmes les fouilles par le travers de la station, en cheminant, peu à peu, dans la direction du nord.

Les foyers supérieurs avaient beaucoup perdu de leur importance et, pour hâter l'achèvement des travaux, nous nous servions, par moment, de la pioche qui, maniée avec prudence, rend aux archéologues de très grands services, lorsque, le lundi 1er octobre 1888, à 10 heures du matin, comme je me tenais auprès de mon fouilleur Bretou, un bruit sec attira mon attention. En moins d'une seconde, j'avais bondi et saisi d'instinct la pioche pour la rejeter en arrière et l'empêcher de frapper un second coup. A mes pieds, en effet, et tout près de l'endroit où je me tenais tout à l'heure accroupi, gisaient les débris d'un crâne humain. Le coup de pioche en avait abattu la partie supérieure et devant l'ouverture béante se trouvaient les fragments.

Pendant que j'achevais de ramasser les précieux débris et de les emballer dans des papiers de soie, j'eus la satisfaction de voir arriver M. Féaux que ses occupations avaient retenu à Périgueux une partie de la matinée. Rassuré dès lors sur la surveillance rigoureuse que réclamait notre découverte, je mandai, sans retard, plusieurs personnes notables du pays, pour leur faire constater la position exacte du crâne. Mon regretté collègue de la Société archéologique du Périgord, M. l'abbé Riboulet, curé de Chancelade, fut le premier à accourir, bientôt suivi par M. Fernand Lagrange, maire, son adjoint, M. Élie Vergnaud, M. de Génis et M. l'abbé Laborie-Fénelon.

Ensemble, nous procédâmes à l'examen le plus attentif du terrain dont la coupe, relevée, séance tenante, par M. Féaux, est ici reproduite :

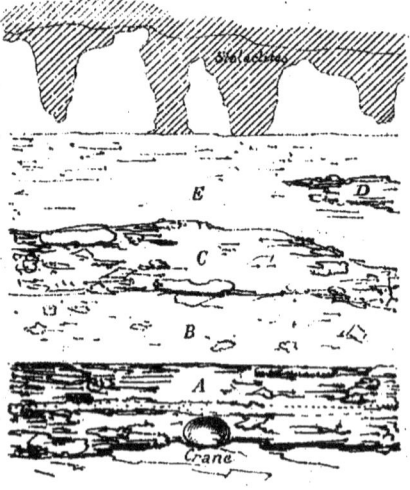

A la base, se trouvait le foyer A de 0^m,37 d'épaisseur, sur le milieu duquel on remarquait une veinule colorée en rouge brique par du peroxyde de fer. Ce premier foyer sablonneux et très noir, déjà signalé sur tout le devant de l'abri, reposait directement sur le roc.

La couche B, qui le recouvrait sur une épaisseur de 0^m,32, était formée d'une terre jaune, limoneuse, mélangée de nombreux débris de calcaire. Cette couche était recouverte elle-même par un foyer C, de 0^m,40 d'épaisseur, de couleur grisâtre et riche en silex et ossements ouvrés. Comme je l'ai dit plus haut (page 76), ce foyer était formé de ceux que j'ai décrits, en leur assignant les lettres B et C et qui, dans cette partie de la station, s'inclinant l'un vers l'autre, avaient fini par se confondre.

Enfin, au-dessus, s'étendait une nouvelle couche de limon d'inondation E, atteignant une épaisseur de 0^m,55.

On remarquait, au milieu de cette couche, le dernier prolongement du foyer D, ici presque disparu, mais le plus important par l'abondance des ossements fossiles et des objets travaillés qu'il renfermait.

C'est à la base du foyer A et à 1^m,64 de profondeur que gisait le crâne humain, légèrement relevé vers la droite et le côté gauche en contact avec le roc. Nous constatâmes que ses parois intérieures étaient tapissées d'une argile fine qui, dans le bas, formait une couche de 0^m,025 d'épaisseur, relevée sur ses bords et toute fissurée par l'action du retrait. La ténuité extrême de cette argile, onctueuse au toucher, démontrait qu'elle avait été déposée dans une eau tranquille, pendant une période d'inondation.

Ces constatations faites, et après que nous eûmes acquis la certitude la plus absolue que les diverses couches du terrain étaient bien en place et n'avaient jamais été remaniées, je me préoccupai des mesures à prendre pour l'enlèvement du crâne. Comme il était disloqué et dans un état de friabilité qui m'inspirait de sérieuses inquiétudes, je fis pratiquer, à droite et à gauche, une entaille assez profonde. En même temps, M. Féaux et moi, nous le dégagions des terres qui le recouvraient. Lorsque ce travail fut suffisamment avancé, nous fîmes glisser, par dessous, nos raclettes en acier, et, lentement, le soulevâmes avec des précautions infinies. Alors, je m'aperçus, non sans surprise, que, loin d'être isolé, comme nous l'avions cru de prime abord, ce crâne était en connexion avec toutes les parties du squelette.

La nuit approchait et nous dûmes interrompre nos investigations qu'une pluie persistante nous empêcha de reprendre le lendemain ; mais le 3 octobre, de très bonne heure, nous étions de retour à Raymonden.

Nous commençâmes par faire déblayer le terrain au-dessus du squelette, sur une étendue de 2 à 3 mètres carrés, et enlever successivement toutes les terres qui le recouvraient. Lorsque la tranchée eut atteint une profondeur de 1m,30, les pioches et les pelles furent mises de côté, et le reste du déblai s'effectua à l'aide de nos instruments habituels de fouilles, le grattoir et la raclette.

Enfin, un humérus humain se montra. Le fouilleur Bretou reçut l'ordre de se tenir à nos côtés, et seuls, M. Féaux et moi, nous procédâmes au dégagement du squelette.

Au bout d'une heure, ce travail, extrêmement minutieux, était achevé et, avec une émotion facile à comprendre, nous contemplions les restes de ce chasseur de rennes, dans la même attitude que leur avaient donnée, il y a tant de siècles, les hommes de sa tribu.

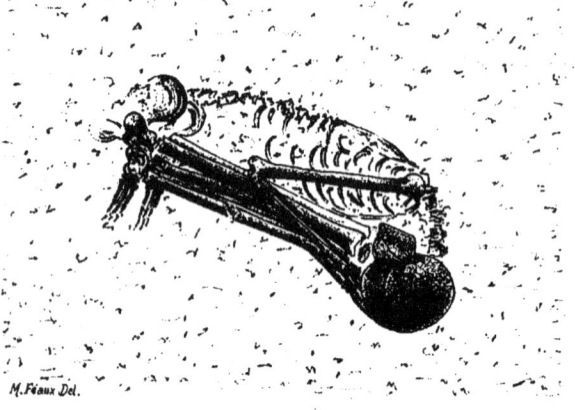

M. Féaux Del.

La veille, en nettoyant la tête, je n'avais pas été peu surpris de voir une des rotules se détacher des os du nez auxquels elle adhérait, un peu au-dessus et sur le milieu du maxillaire supérieur. Les vertèbres cervicales et les autres parties du squelette n'ayant pas été déplacées, j'en avais maintenant l'explication. En rétablissant par la pensée la tête dans la position exacte qu'elle occupait, voici, en effet, comment était disposée la sépulture.

Le corps, replié sur lui-même en flexion forcée, reposait sur le côté gauche, la tête inclinée en avant et en bas. Les bras étant relevés, la main gauche était appliquée contre la tête et au-dessous, la main droite reportée sur le côté gauche du maxillaire inférieur. De même, les membres inférieurs avaient été fléchis, et de telle sorte que le niveau des pieds correspondait à celui de la partie inférieure du bassin et que les genoux arrivaient au contact des arcades dentaires.

Il n'est pas inutile de faire remarquer que cette attitude est à peu près celle du squelette de la quatrième grotte de Menton (1) et de celui découvert à Laugerie-Basse, par M. Massénat.(2). Ici, cependant, on semble s'être préoccupé de faire tenir au cadavre le moins de place possible. Dans sa plus grande longueur, en effet, c'est-à-dire des articulations coxofémorales à l'occiput, la sépulture n'avait que 0^m,67 ; dans le sens transversal, sa largeur n'était que de 0^m,40.

Mon savant confrère, M. le docteur Testut, dans une monographie sur laquelle nous aurons à revenir, a démontré que l'homme de Raymonden, vieillard de 50 à 60 ans, mesurait seulement 1^m,50 de hauteur. Malgré sa petite taille, et supposé même qu'il fût d'une maigreur excessive, son cadavre pouvait-il, à l'aide de fortes ligatures, être réduit à n'occuper qu'un aussi étroit espace ? Cela ne paraît guère admissible, et involontairement on est conduit à se demander si

---

(1) Emile Rivière, *De l'Antiquité de l'homme dans les Alpes-Maritimes*; Paris, J.-B. Baillière et fils, 1887, in-4°, p. 129-132 et planche XI. — *Matériaux pour l'histoire de l'homme*, t. VII, 1872, p. 228-239.

(2) E. Massénat, Ph. Lalande et Cartailhac, *Découverte d'un squelette humain de l'âge du renne*, à *Laugerie-Basse* (Dordogne); note présentée par M. de Quatrefages à l'Académie des Sciences, à la séance du 15 avril 1872 ; — *Matériaux*, etc., t. VII, 1872, p. 224-228 et pl. IX. — E. Cartailhac, *La France préhistorique*, p. 108-111, fig. 46.

avant d'être inhumé dans les terres noires du foyer A, le corps n'aurait pas été débarrassé de ses viscères et de ses principaux muscles. Cette pratique du décharnement des cadavres subsiste encore chez nombre de tribus sauvages, notamment chez les Peaux-Rouges, les Patagons et les Néo-Zélandais (1), et déjà plusieurs observations ont révélé son existence chez nos ancêtres de l'époque quaternaire (2).

Un fait autorise à croire qu'elle fut aussi usitée à Raymonden et fournit un nouvel exemple d'un rite funéraire sur lequel l'attention des archéologues a été particulièrement attirée, depuis les fouilles exécutées par M. Emile Rivière, dans les Baoussés-Roussés des environs de Menton.

En décrivant la coupe du terrain au moment de la découverte du crâne, j'ai signalé au-dessus de celui-ci, une veinule colorée en rouge par un oxyde de fer. Le squelette entier se montra recouvert de cette terre ocreuse dont la couleur rouge-brique passant au violet et l'aspect brillant, presque métallique, prouvaient qu'elle était constituée en grande partie par du fer oligiste. Cette couche était surtout épaisse dans le voisinage du crâne, sur le milieu de la sépulture et dans les creux correspondant aux articulations. En nettoyant les humérus, je pus constater également que leur cavité coronoïde en était remplie. Si le cadavre n'avait pas été décharné, cette accumulation dans les creux n'aurait pu se produire.

Les mêmes constatations ont été faites par M. Rivière dans les sépultures de Menton qui, suivant l'opinion généralement acceptée, seraient de la période solutréenne. S'il en est ainsi réellement, nous y verrions la preuve que les coutumes funéraires n'ont pas varié du *Solutréen* au *Magdalénien* et que cette dernière période industrielle n'est que la continuation de la première.

---

(1) Salomon Reinach, *Esquisses archéologiques*; Paris, E. Leroux, 1888, in-8°. V. l'analyse de cet ouvrage dans les *Matériaux pour l'histoire de l'homme*, t. XXII, 1888, p. 392.

(2) E. Cartailhac, *La France préhistorique*, chapitre VI : « Le culte des morts dans les cavernes et les stations quaternaires, » p. 91-121.

L'analogie de la sépulture de Raymonden avec celles de Menton ne saurait, en tout cas, laisser dans l'esprit le moindre doute. Dans l'une et l'autre station, les rites observés pour les funérailles d'un membre de la tribu sont exactement les mêmes. Comme la plupart des sauvages modernes, les Australiens, les habitants des îles Fidji et les Esquimaux, nos ancêtres de l'âge du renne n'éprouvaient aucune répugnance à cohabiter avec leurs morts. C'est sur le sol même de l'abri qu'était pratiquée l'inhumation. Après avoir creusé la fosse destinée à recevoir le cadavre, on décharnait rapidement celui-ci, en lui laissant les insertions tendineuses pour maintenir les os dans leur connexion naturelle. Le squelette étant ainsi préparé, on le déposait dans le sol en ayant soin de lui faire prendre l'attitude d'un homme endormi, touchante et mystérieuse pensée, puis on le recouvrait de poudre rouge. Parfois, comme à Laugerie-Basse et à Menton, les vêtements du mort et ses parures l'accompagnaient dans la tombe. La cérémonie terminée, on achevait de remplir la fosse, et la vie reprenait pour chacun son cours habituel.

Dans les parties avoisinant la sépulture, à Raymonden, le foyer A n'offrait aucun arrangement particulier. Les cendres charbonneuses, les débris de repas, les instruments en silex et en os se présentaient comme ailleurs dans le plus complet désordre. L'absence de renflement au-dessus du cadavre donne lieu de supposer que les terres noires avaient été égalisées à la surface, mais elle prouve aussi que celui-ci avait bien été préalablement décharné. La dissolution des chairs putréfiées n'aurait pas manqué, en effet, d'amener un tassement que nous eussions reconnu au premier coup d'œil.

Un peu au-dessus et en arrière du crâne, nous recueillîmes une pointe de sagaie en bois de renne ; une autre fut rencontrée tout contre le fémur droit ; entre les côtes et près des os de la face, se montrèrent plusieurs lames de silex et un grattoir en calcédoine. Que ces objets aient été ainsi placés intentionnellement, cela me paraît d'autant moins probable, que nous en avions trouvé de semblables disséminés un peu partout dans le même foyer A.

Nous avons déjà reconnu, à la base du foyer C, le troisième par ordre de superposition, une bande de terrain de 0^m,10 à 0^m,15 d'épaisseur, tranchant sur le reste de la couche archéologique par sa coloration rouge. Quoique aux abords de la sépulture, les foyers B et C, confondus l'un avec l'autre, se fussent un peu relevés, la zone colorée apparaissait encore dans la coupe du terrain, et je pus constater qu'elle était sur le même horizon que la mince couche de fer oligiste qui recouvrait le squelette.

L'explication en était dès lors toute trouvée. Pendant les grandes inondations dont la station gardait de si nombreuses traces, les eaux arrivant de la vallée, suivant une direction perpendiculaire à la falaise, après s'être chargées, en passant sur la sépulture, d'une certaine quantité d'oxyde de fer, l'avaient de proche en proche entraînée dans les terres sablonneuses situées en arrière et sur le même plan horizontal.

Deux faits importants ressortent de cette explication. Tout d'abord, l'existence seule de cette zone colorée exclut toute idée de remaniement des couches sur lesquelles elle s'étend et qui comprennent, ainsi qu'il a été dit, les foyers A et B. En second lieu, elle permet de déterminer d'une façon assez précise à quel moment de l'occupation des abris de Raymonden par les chasseurs de rennes se rapporte la sépulture. Comme la zone rouge qui lui correspond, cette sépulture est évidemment de date plus récente que les foyers A et B, mais elle est aussi plus ancienne que le foyer C, à la base duquel nous avons rencontré la bande colorée, pendant presque tout le temps de nos fouilles. Nous avons constaté d'ailleurs, dans la partie de la station où la sépulture a été découverte, que le foyer C s'était sensiblement relevé et qu'une couche limoneuse de 0^m,32 d'épaisseur le séparait du foyer A. Le vieillard dont nous avons retrouvé la sépulture était donc un des chasseurs du foyer C et, selon toute probabilité, la mort l'aura surpris presque à son arrivée à Raymonden.

Les développements qui précèdent auront satisfait, je l'espère, aux exigences de la plus sévère critique, et je crois

PL. IV.

STATION DE RAYMONDEN (DORDOGNE)

avoir établi sur des preuves suffisantes l'origine quaternaire du squelette de Chancelade. Il me reste à esquisser en quelques lignes la physionomie de cet ancêtre sur la dépouille duquel ont passé tant de siècles. Les indications pour cela nécessaires me sont fournies par M. le docteur L. Testut, qui, dans un mémoire plein de recherches savantes, consciencieusement écrit et très apprécié des anthropologistes, a fait une étude complète du squelette de Chancelade (1).

Vieillard approchant de la soixantaine, notre chasseur de rennes était, comme je l'ai dit plus haut, d'une taille exceptionnellement petite. C'était par contre un homme d'une ossature puissante et doué d'une grande force musculaire. Les crêtes rugueuses de ses os longs ne laissent à cet égard aucun doute.

La configuration de son pied aux articulations mobiles et surtout l'écartement considérable du gros orteil dénotent que ce membre remplissait fréquemment l'office d'une seconde main. M. Testut y a vu un caractère d'infériorité anatomique. Le fait, au premier abord, paraît indiscutable, et cependant les conditions de la vie sauvage ne pourraient-elles suffire à l'expliquer ?

Dès l'enfance, nos pieds sont emprisonnés dans des chaussures étroites qui en paralysent à peu près tous les mouvements ; il en résulte une atrophie des muscles et un resserrement anormal des phalanges et des métatarsiens ; mais à considérer l'aisance avec laquelle un tout jeune enfant fait mouvoir ses orteils, il est facile de juger que, laissé à lui-même et conservant sa libre allure, le pied de l'homme serait capable de mouvements presque aussi étendus que ceux de la main. L'expérience est là pour nous en convaincre ; on voit fréquemment des gens privés de leurs membres supérieurs y suppléer merveilleusement avec leurs pieds.

---

(1) D' L. Testut, *Recherches anthropologiques sur le squelette quaternaire de Chancelade (Dordogne)*; Lyon, imp. Pitrat, 1889, in-8° de 198 pages avec 14 planches. — Extrait du *Bulletin* de la Société d'anthropologie de Lyon, t. VIII, 1889.

Les acrobates japonais exécutent avec le pied des tours de force vraiment prodigieux, et certaines peuplades sauvages s'en servent également pour tirer de l'arc. Que l'homme de Raymonden ait eu les orteils très mobiles, il ne faut donc pas s'en étonner et surtout y reconnaître un caractère certain d'infériorité.

Nous avons d'ailleurs à considérer maintenant sa tête, c'est-à-dire la partie essentielle, l'organe par excellence de l'être humain, et ici les caractères de supériorité sont de la plus grande évidence. Ces caractères de supériorité, nous dit M. le docteur Testut, dont je craindrais d'affaiblir le témoignage en ne citant pas ses propres paroles, « nous les voyons » dans la constitution anatomique du crâne dont la capacité » dépasse de 100 centimètres cubes celle des crânes actuels, » dans le développement du front dont la courbe, régulière » et gracieuse, rappelle nos races les plus civilisées et dénote » bien certainement une belle organisation cérébrale (1). » Franchement dolichocéphale, notre chasseur de rennes avait, comme les Esquimaux de nos jours, la tête volumineuse et quelque peu disproportionnée avec sa petite taille. Ses orbites, larges et profondes, indiqueraient d'autre part qu'il avait l'œil vif et bien ouvert.

Une fracture de la boîte osseuse, remarquable par son étendue et pourtant cicatrisée, se voit à la région temporale droite du crâne. Qu'elle ait été produite par un coup de massue ou soit le résultat d'un choc accidentel, cette blessure aurait, suivant M. Testut, entraîné la mort à très bref délai, si notre troglodyte n'avait eu « cette force de résistance toute particulière qui caractérise les peuples primitifs. »

A une belle organisation cérébrale, à une vigueur musculaire peu commune, l'homme de Raymonden joignait donc un sang généreux et une résistance vitale qu'on ne connaît plus guère de nos jours. Si dégradé qu'on veuille le prétendre, en somme, c'est un ancêtre dont nous n'avons pas à rougir.

---

(1) Docteur L. Testut, *op. cit.*, p. 114.

Par des rapprochements nombreux et presque tous déduits mathématiquement, M. Testut a cru pouvoir avancer que, parmi les races actuelles, celle qui présentait la plus grande analogie avec le chasseur de rennes de Raymonden, est celle des Esquimaux. « Ils ont, en effet, dit-il, le même
» crâne que notre troglodyte quaternaire; leur face est cons-
» tituée suivant le même type; ils ont, à peu de chose près,
» la même taille, le même indice palatin, le même indice
» nasal, le même indice orbitaire, le même degré de torsion
» de l'humérus, etc. »

L'opinion de M. Testut a rencontré, je dois le dire, une assez vive opposition. Reconnaître à l'homme de Chancelade le type esquimau; mais c'est une erreur! Ce troglodyte était de la race Cro-Magnon! Il suffit de le regarder pour s'en convaincre!

Entre deux opinions aussi contradictoires, prendre un parti m'eût été difficile, si la lecture des comptes-rendus du Congrès de Stockholm, en 1874, n'était venue fort à propos me tirer d'embarras. Au cours d'une discussion célèbre, entre M. Virchow et notre illustre compatriote M. de Quatrefages, le savant Berlinois ayant démontré que la comparaison des crânes préhistoriques avec ceux des races actuelles ne permettait de rien affirmer, s'empressait d'ajouter : « S'il
» n'en était pas ainsi, je crois que nous pourrions dire que
» les hommes de Cro-Magnon auraient été des Esquimaux,
» car ils présentent certainement, quant à la conformation
» du crâne, beaucoup plus d'affinité avec les Esquimaux,
» qu'avec aucune des autres races qui habitent aujourd'hui
» l'Europe (1). »

On me pardonnera d'être très sceptique en matière de crâniologie.

---

(1) *Congrès international d'anthropologie et d'archéologie préhistorique.* — *Compte-rendu de la 7ᵉ session,* — *Stockholm, 1874.* — Stockholm, P. A. Norstedt et Soner, 1876, in-8°, t. 1ᵉʳ, p. 217.

VI. — Faune et conclusions.

Après un rapide coup d'œil sur les rochers de Raymonden et sur le lac aux eaux profondes qui en baignait le pied à l'époque quaternaire, nous avons examiné, dans les chapitres précédents, les outils et quelques ouvrages d'art que des chasseurs de rennes y avaient abandonnés sur le sol de l'abri qui, à diverses reprises, leur avait servi de lieu de halte. Par une fortune inespérée, nous avons même vu se lever de sa tombe et apparaître à nos yeux l'un de ces troglodytes qui, depuis tant de siècles, dormait là son dernier sommeil. Nous avons pu apprécier sa taille, sa musculature puissante, enfin contempler le visage de cet homme, capable comme nous des aspirations les plus hautes et qu'il nous a été doux de saluer du nom de frère.

Si précieux que soient ces résultats, notre curiosité réclame encore autre chose. Nous connaissons suffisamment les habitants de Raymonden, mais dans quel milieu ont-ils vécu ? Quelle était la faune du Périgord à cette époque lointaine ? et quelle était aussi la nature du climat ?

Pénétrés de l'importance de ces questions, dont se préoccupent trop peu d'ordinaire les chercheurs d'antiquités préhistoriques, M. le général de Larclause, M. Féaux et moi, nous n'avions cessé, pendant le temps de nos fouilles, de mettre de côté les ossements que nous rencontrions dans les foyers et qu'à première vue nous ne pouvions déterminer d'une façon certaine. Nous recueillîmes, avec la même attention, les osselets les plus déliés, les vertèbres et les côtes de poissons, sans négliger non plus les coquilles, qu'elles fussent entières ou à l'état de simples fragments.

Avec un empressement que donne seul l'amour de la science et dont je tiens à leur témoigner ici ma gratitude, M. Albert Gaudry, membre de l'Institut, et M. le docteur Fischer, aide-naturaliste au Muséum d'histoire naturelle de Paris, voulurent bien se charger de déterminer nos nombreuses collectes. Grâce à leur obligeance, j'ai pu dresser le tableau suivant de la faune de Raymonden, en y ajoutant l'*Elephas primigenius*, l'*Ovibos moschatus* et l'*Alca impennis*, dont l'image, à défaut de débris fossiles, nous a été conservée :

Vertébrés.

A. — MAMMIFÈRES.

Ursus priscus.
Meles taxus.
Canis vulpes.
— *lagopus.*
Arctomys marmotta.
Lepus timidus.
Elephas primigenius.
Bison priscus.
Ovibos moschatus.
Equus caballus.
Tarandus rangifer.
Cervus de grande taille, espèce indéterminée.
Rupicapra europæa.
Saïga tartarica.
Phoca groenlandica.

B. — OISEAUX.

Oiseau de proie (*Aquila ?*), indéterminé.
Nyctea nivea.
Tetrao albus.
Alca impennis.

C. — POISSONS.

Carpes et Salmonides.

Mollusques.

Cardium edule.
Pectunculus glycimeris.
— *insubricus.*
Pecten maximus.
Neritina picta.
Dentalium.....
— *novemcostatum*

Le renne *(Tarandus rangifer)* était surtout abondant et à lui seul avait fourni la moitié, sinon les deux tiers, de la masse totale des ossements que renfermaient les foyers. Venait ensuite le cheval *(Equus caballus)*, dont la chair et celle du renne formaient l'ordinaire des habitants de Raymonden. Les autres animaux, y compris le bœuf *(Biso priscus)*, d'une capture peut-être plus difficile, devaient constituer des mets de choix. D'après la quantité relative de leurs débris, nous mentionnerons, après le cheval, le bœuf, l'isatis ou renard bleu des Esquimaux *(Canis lagopus)*, le renard ordinaire, le blaireau, l'antilope saïga et le chamois. De l'ours *(Ursus priscus)*, nous n'avons retrouvé qu'une mâchoire supérieure droite et deux phalanges. La marmotte et le lièvre étaient rares ou peu recherchés. L'éléphant et le bœuf musqué ne nous ont été signalés que par des gravures.

Malgré l'intérêt mêlé de surprise qu'il y ait à constater la présence en Périgord de semblables animaux, ceux qui viennent d'être énumérés se rencontrent dans le plus grand nombre des gisements quaternaires. Il n'en est pas de même d'une espèce essentiellement maritime, appartenant à la famille des phoques et dont les foyers de Raymonden nous ont livré un fragment de maxillaire (1).

« Si mes souvenirs me servent bien, m'écrivait M. Albert
» Gaudry, c'est la première fois que l'on signale des restes
» de phoque dans le quaternaire ; et ce phoque n'est pas le
» *Phoca vitulina* de nos côtes ; c'est, je pense, le *Phoca groen-*
» *landica* qui aujourd'hui ne descend pas plus bas que
» l'Islande... (2). »

Confirmé dans son opinion par un examen plus attentif du précieux ossement, M. Gaudry communiqua, quelques jours après, notre découverte à l'Académie des sciences (3).

---

(1) Planche V, fig. 3.
(2) Lettre du 22 juillet 1890.
(3) *Sur une mâchoire de phoque du Groenland trouvée* par M. Michel Hardy, *dans la grotte de Raymonden*, par M. Albert Gaudry. — Comptes-rendus des séances de l'Académie des sciences, t. CXI ; séance du 25 août 1890. — La note de M. Gaudry a été tirée à quelques exemplaires seulement avec une pagination spéciale.

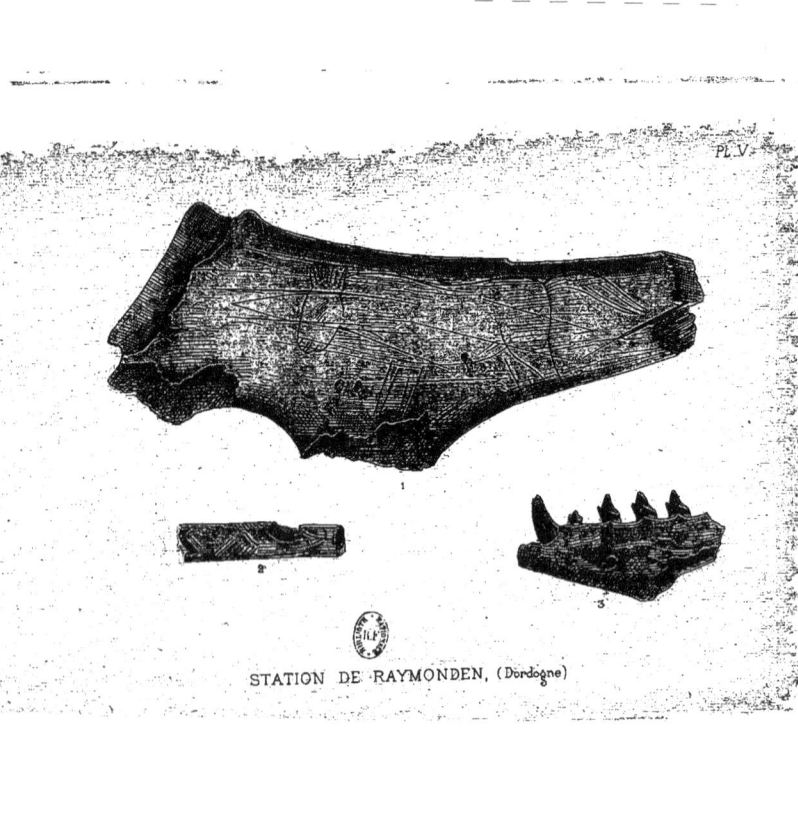

STATION DE RAYMONDEN, (Dordogne)

A cette occasion, le savant professeur rappela la communication faite par lui à l'Institut, quatre ans auparavant, d'un bâton de commandement qui avait été trouvé par M. Paignon, dans la grotte de Montgaudier (Charente), et sur lequel sont figurés deux phoques poursuivant un poisson (1). En 1874, MM. Louis Lartet et Chaplain-Duparc avaient aussi recueilli, dans une grotte des Pyrénées, une dent d'ours percée pour être suspendue et portant l'image très nettement reconnaissable d'un phoque (2). L'animal reproduit sur ces deux gravures était-il le veau marin *(Phoca vitulina)*, ou le phoque du Groenland ? L'imperfection des dessins ne permet pas de résoudre la question avec certitude ; mais comme il est prouvé maintenant que cette dernière espèce vivait à l'époque quaternaire sur nos côtes de l'Océan, il est tout naturel de penser que c'est elle également que les troglodytes de Montgaudier et de Duruthy auront voulu représenter.

Les oiseaux trouvés à Raymonden ne donnent pas du climat du Périgord, pendant l'époque quaternaire, une idée plus avantageuse. J'ai déjà signalé, d'après sa représentation sur un bâton de commandement, l'*Alca impennis* ou pingouin brachyptère, dont l'espèce semble s'être éteinte dans les glaces du pôle Nord. Deux autres oiseaux des contrées froides devaient être très communs, à en juger par l'abondance de leurs débris : le harfang *(Nyctea nivea)*, chouette de grande taille qu'on ne trouve plus qu'au nord de l'Europe et dans l'Amérique septentrionale, et le tétras des saules *(Tetrao albus)*, aujourd'hui relégué en Suède et en Norwège.

Des carpes et des saumons peuplaient, comme à l'époque actuelle, nos étangs et nos cours d'eau.

---

(1) *Matériaux pour l'histoire de l'homme*, t. XX, 1886, p. 407-409 ; XXI, 1887, p. 57-61. — E. Cartailhac, *La France préhistorique*, p. 89, fig. 41.

(2) Louis Lartet et Chaplain-Duparc, *Sur une sépulture des anciens Troglodytes des Pyrénées superposée à un foyer contenant des débris humains associés à des dents sculptées de Lion et d'Ours* ; — *Matériaux....*, t. IX, 1874, p. 101-167, fig. 38. — *Reliquiæ Aquitanicæ ; Essays and Memoirs*, ch. XXII, p. 223, fig. 84.

Pour ce qui est des mollusques, je me bornerai à transcrire les notes que m'a envoyées M. le docteur Fischer :

Cardium edule, Linné. — Coquille vivant actuellement sur tout le littoral français. — Fossile du Pliocène.

Pectunculus glycimeris, Linné. — Espèce qui vit encore sur le littoral océanique de la France et qui est fossile dans les dépôts pliocènes.

Pectunculus insubricus, Brocchi. — Les diverses valves se rapportent à des individus d'âge différent. Elles ont été recueillies à l'état fossile dans des couches pliocènes du midi de la France (Roussillon, Provence) ou du nord de l'Italie. L'espèce est éteinte depuis le pliocène.

Pecten maximus, Linné. — Le fragment trouvé à Raymonden a été certainement ramassé sur le littoral océanique de la France.

Neritina picta, Férussac. — Petite espèce fossile du miocène de l'Aquitaine.

Dentalium...., espèce voisine du *D. Dentalis*, Linné. — Espèce vivante du nord de l'Europe.

Dentalium novemcostatum, Lamarck. — Espèce vivante du littoral du sud-ouest de la France.

La station de Raymonden, comme toutes celles de l'âge du renne, offrait donc un mélange de coquilles recueillies sur le bord de la mer et de fossiles de divers gisements tertiaires.

Si ces coquilles fournissent de surcroît la preuve de l'existence nomade que menaient nos ancêtres, elles ne sauraient nous renseigner sur la température qui régnait alors en Périgord. Mais, à cet égard, nous sommes pleinement édifiés par la liste des mammifères et des oiseaux. Si trois ou quatre espèces se retrouvent encore dans nos campagnes, toutes les autres sont ou bien éteintes ou émigrées. Celles qui survivent n'habitent plus que les cimes neigeuses des montagnes ou les contrées les plus froides du globe. Le climat du Périgord, au déclin de l'époque quaternaire, était donc extrêmement rigoureux et comparable à celui des parties les plus septentrionales de l'Asie et de l'Amérique. C'est, en effet, dans ces régions glacées qu'habitent, actuellement, le renard bleu, l'ovibos musqué, le renne, le phoque du Groënland, la chouette harfang et le tétras des saules que les hommes de Raymonden poursuivaient dans leurs chasses.

Après la période magdalénienne, lorsque l'archéologue constate de nouveau la présence de l'homme dans le sud-ouest de l'Europe, une révolution complète s'est opérée. Au climat sec et froid ont succédé une température tiède et une atmosphère chargée d'humidité. Le sol presque constamment gelé autrefois a été détrempé par les eaux et s'est paré d'une luxuriante végétation. Vainement chercherions-nous à découvrir les animaux auxquels nos regards s'étaient habitués à la suite des chasseurs de rennes. Presque tous ont fui ou ont été entraînés dans un mystérieux cataclysme. Le renne lui-même a disparu. A l'entrée de certaines cavernes, nous voyons des êtres humains, mais différent est leur outillage, toutes différentes aussi sont leurs mœurs. Si quelques-uns d'entr'eux se livrent à la chasse, le plus grand nombre ensemencent des champs ou font paître des troupeaux. Les animaux qui les entourent sont ceux-là mêmes au milieu desquels nous vivons. Enfin, par des liens de jour en jour plus apparents, nous nous rattachons historiquement à ces nouveaux venus. Comme l'emploi des métaux leur est inconnu et que presque tous leurs outils sont en pierre, les archéologues désignent l'époque où ils ont vécu sous le nom d'âge néolithique, réservant celui de paléolithique pour les temps plus anciens.

Quelle explication donner à un changement si profond? Ce changement lui-même s'est-il opéré brusquement ou par des transitions insensibles? Enfin, ce monde nouveau se relie-t-il à l'ancien, ou faut-il admettre qu'il y eut entre eux un *hiatus*, c'est-à-dire un intervalle d'une durée quelconque pendant lequel l'Europe occidentale tout au moins cessa d'être habitée ? Graves et intéressantes questions, sur lesquelles je ne puis à regret m'étendre ici, mais bien dignes de captiver l'attention des hommes d'étude. L'*hiatus* entre l'âge paléolithique et l'âge néolithique me paraît ressortir jusqu'à l'évidence des considérations qui précèdent, et je dois ajouter qu'il est admis aujourd'hui par le plus grand nombre des préhistoriciens. Tant que dans un milieu franchement néolithique et sans remaniement des couches sous-jacentes, on n'aura pas rencontré des restes du renne, on ne saurait être en droit de prétendre que cet *hiatus* n'a pas existé.

Les causes qui amenèrent la disparition des chasseurs de rennes et de la plupart des animaux qui les entouraient, nous sont, d'autre part, suffisamment indiquées par la géologie. Les adeptes de cette science constatent que la fin de la période magdalénienne fut marquée par des phénomènes aqueux d'une grande puissance. Les cours d'eau débordèrent et d'immenses inondations portèrent de tous côtés leurs ravages. C'est l'époque également où commença la formation des tourbières.

Peut-être l'explication de ces changements climatériques se trouverait-elle dans le soulèvement et l'assèchement du Sahara ? Le retrait de la mer saharienne dut avoir, en effet, pour conséquence une élévation très sensible de la température dans l'Europe occidentale et particulièrement dans le sud de la France. De là, des pluies abondantes et la fonte rapide des neiges accumulées sur les sommets.

Quoi qu'il en soit, les conditions nouvelles d'existence qui leur étaient faites, ne pouvaient qu'amener l'anéantissement des races quaternaires ou les obliger à émigrer. Or, si quelques espèces d'animaux purent échapper à la destruction par la fuite, en fut-il de même de l'homme ? C'est d'autant moins probable, que les traces archéologiques de cet exode devraient se retrouver échelonnées jusque dans l'extrême nord où vivent actuellement les espèces émigrées, et quant à présent, les preuves en font complètement défaut.

Ainsi nous sommes amenés à nous demander s'il ne conviendrait pas de rapprocher les inondations qui nous occupent, de ces grandes inondations que nous a retracées le chapitre VII de la Genèse et dont les traditions de tous les peuples ont gardé le souvenir. Aucune raison sérieuse n'autorise à le nier ; aussi, revenant à une terminologie tombée depuis quelques années en désuétude, je ne crois pas m'écarter du domaine de la vraie science en considérant comme *antédiluviens* les chasseurs de rennes de Raymonden. Les mots *quaternaire* et *antédiluvien* sont, en effet, pour moi des expressions synonymes.

TABLE DES MATIÈRES.

§ I. — Avant-propos... 5
§ II. — La station quaternaire; historique des fouilles; description des foyers.................................... 8
§ III. — Instruments et objets divers trouvés à Raymonden..... 18
§ IV. — Sculptures et gravures sur os......................... 30
§ V. — Sépulture d'un chasseur de rennes.................. 5
§ VI. — Faune et conclusions........................... 66

Périgueux. — Imp. de La Dordogne (anc. Dupont et Cⁱᵉ).

www.ingramcontent.com/pod-product-compliance
Lightning Source LLC
LaVergne TN
LVHW021005090426
835512LV00009B/2084